品读大连·第四季

硝烟
大连战事

XIAOYAN
DALIAN ZHANSHI

纪扬 张洪骏 胡慧雯 孙立民 刘爽 著

大连出版社
DALIAN PUBLISHING HOUSE

© 纪扬 张洪骏 胡慧雯 孙立民 刘爽 2015

图书在版编目 (CIP) 数据

硝烟·大连战事 / 纪扬等著 . —大连：大连出版社，2015.2
（品读大连·第四季）
ISBN 978-7-5505-0819-4

Ⅰ . ①硝… Ⅱ . ①纪… Ⅲ . ①战争史 – 大连市 Ⅳ . ①E29

中国版本图书馆 CIP 数据核字（2014）第 281223 号

出 版 人：	刘明辉
策划编辑：	刘明辉 李 岩 张 波 卢 锋 郭朝晖
责任编辑：	尚 杰
封面设计：	林 洋
版式设计：	阎 骋 王 岩
责任校对：	金 琦
责任印制：	徐丽红

出版发行者：	大连出版社
地 址：	大连市西岗区长白街 10 号
邮 编：	116011
电 话：	0411-83620401/83621075
传 真：	0411-83610391
网 址：	http://www.dlmpm.com
邮 箱：	cbs@dl.gov.cn
印 刷 者：	大连华伟印刷有限公司
经 销 者：	各地新华书店

幅面尺寸：	170mm × 230mm
印 张：	11
字 数：	191 千字
出版时间：	2015 年 2 月第 1 版
印刷时间：	2015 年 2 月第 1 次印刷
书 号：	ISBN 978-7-5505-0819-4
定 价：	33.00 元

我爱大连

大连出版社将要编辑出版"品读大连"系列丛书,我非常赞成。作为一个土生土长的大连人和曾经参与过这个城市建设与发展的领导人之一,我对大连总是有一种偏爱,总是觉得这个城市所蕴涵的文化值得我们去认真挖掘。这套丛书动员十几位作者,分十几个专题对大连的文化现象进行挖掘和梳理,我认为这项工作十分有价值。

大连是一座充满活力、现代感非常强、文化不断创新的城市,也是一座有着特殊历史和个性的城市。因此,如何在新的时期找出大连的文化定位,挖掘大连的文化内涵,突出大连的城市性格,使城市的根和魂能不断通过文化来体现,并最终提炼出大连的城市精神,既是城市的管理者、建设者所要关注的,也是所有文化工作者义不容辞的责任。另一方面,随着经济的飞速发展,中国的城市化进程不断加快,在这个过程中,我们也面临着"千城一面"的特色危机,很多城市面貌趋同,城市个性模糊。实际上,城市发展不仅仅是 GDP 的单纯增长,文化内涵的建设与发展也是一个重要方面,文化竞争力将决定城市未来的竞争力。

因此,我觉得此次大连市委宣传部和大连出版社共同策划出版"品读大连"系列丛书,可谓正当其时。从多层面多角度挖掘、整理、总结、诠释大连的风物人情、文化脉络、人文价值,并以图书的形式把这些宝贵的非物质财富积累、沉淀下来,无论是对于大连这座年轻却饱经沧桑的城市来说,还是对于 600 万大连市民乃至我们的子孙后代来说,都是一件功在当代、利在千秋的好事情。当然，在宣传城市、促进交流、满足各界人士阅读需求、提升市民文化素养、锻造城市品牌力等方面，也都具有重要意义。作为一个大连人，我对这套丛书充满期待。

与中国其他城市相比，大连建市时间较短，很多人以此认为她没有文化，甚至使用了"文化沙漠"这样的词汇来定义她，很多大连人往往也是一提到"文化底蕴"就没了自信。实际上，大连有自己独特的历史文化积淀，她缺的不是文化，而是发现的眼睛、挖掘的意识、提炼的行动。这正是我们应该做并且正在做的。

最后，我想借用一句大连的流行语来表达我的心情：

我爱大连，从未离开。

这句话揭示了每一个热爱故乡的大连人内心深藏的情感。作为其中的一员，我愿怀着赤诚之心为她作出自己绵薄的贡献。

中共辽宁省委副书记

目录 CONTENTS

- 001　秦皇灭六国　大连烽烟起
- 006　大连第一次农民起义
- 011　司马懿大战公孙氏
- 016　隋唐征东主战场——大连古山城
- 022　宋金联手灭辽大连是登陆港
- 028　红巾军起义屡陷金州
- 034　明军平乱登陆"旅顺口"
- 039　明军金州保卫战大捷

- 045　望海埚抗倭大捷
- 051　毛文龙抗金八年终被杀
- 056　明军失旅顺黄龙自刎
- 061　清军攻陷明辽东海防
- 066　鸦片战争英军侵入大连
- 071　中日甲午黄海大战
- 081　日军花园口登陆
- 087　清军石门子三挫日本兵

硝烟·大连战事

092　大连湾"空城"终沦陷

098　土城子阻击战清军首胜

103　石嘴子之战清军难敌日军

107　海陆炮台失守旅顺城沦陷

111　旅顺失陷同日清军反攻金州

116　大连人民痛击侵略者

122　日俄战争在中国土地上爆发

128　日军沉船堵塞旅顺港

133　金州之战乃木希典长子毙命

138　得利寺之战俄军失利

142　日折兵过万突破旅顺后防

147　日军为夺旅顺堵塞龙引泉

152　二〇三高地日俄攻防战

156　普兰店打响辛亥东北第一枪

162　滨城两千年烽烟

168　参考文献

❧ 交战双方

秦军　燕军

❧ 背景

秦始皇二十六年（公元前221年），秦统一六国，建立了中央集权的封建帝国。在秦发动统一六国的战争中，与燕国的最后决战就发生在辽东。而战争结束后，大连地区也随辽东各地一起纳入秦王朝的统一版图。

❧ 战况

公元前226年，王翦率军一举攻破燕都蓟城，燕王喜和太子丹率公室卫军逃到辽东，以襄平（今辽阳）为都城。秦将李信带兵乘胜追击到衍水（今辽宁浑河），再败太子丹军，消灭了燕国卫军主力。公元前222年，秦派王翦之子王贲率军进攻辽东。这场战争，以燕王喜被俘、燕国灭亡而告结束。

秦皇灭六国 大连烽烟起

张洪骏

硝烟·大连战事

1971年的一天，在庄河桂云花乡岭东村九炉屯北山头，工人们正在修公路。突然，两米多深、夹杂着乱石的黑土层中，出现了一条粘满黑土的棒状物。工人董某用双手抹去黑土，发现那竟然是一件青铜兵器，全身黑亮无锈，锋刃犀利。这件兵器，就是秦攻取大连地区的重要实物见证——春平侯铍。

当年的烽烟战火已经湮没在历史的长河之中，只有深埋在地下的春平侯铍、启封戈等兵器，让人们无法忘记那个动荡年代——当时的大连地区正是秦灭燕、统一六国战争中的战场之一。

▼ 秦开却胡，大连从此成"中原"

在沈阳五里河公园，矗立着一尊重达50吨的青铜雕像，骏马牵引的战车上，一位古代将军持盾操戈、昂然向前，这就是被奉为沈阳城肇基始祖的燕将秦开。

大连最早设立建制是在战国时期，而这离不开一场被称为"秦开却胡"的战争。

当时，擅长骑射的游牧民族东胡进占今辽西地区朝阳、锦西一带，并不断南下袭扰，掳掠燕赵的人口、财富。燕国国力孱弱，对东胡只能用"和"的政策。燕昭王即位初期与东胡实行"互质"，把爱将秦开送到东胡做人质，以缓和双边关系。秦开主动接近东胡人，赢得他们的信任，当人质期间全面掌握了东胡人的风俗、军事、地理情况。若干年后，燕昭王通过改革使国力大为增强，便开始筹划北征东胡，被召回的秦开有了用武之地。

燕昭王十二年（公元前300年），燕国以秦开为将，率军北伐东胡。燕军所向披靡，东胡望风而退，一直退至西拉木仑河一带。秦开取得重大胜利，打开了燕国进入东北南部的通道。秦开乘势率部东进，深入千里，在公元前280年左右，饮马鸭绿江，燕国在东北的国土涵盖了今辽宁省全境。班师之际，秦开还对辽河以北的秽貊国发动进攻，把秽貊的一部分也纳入了燕国版图。

燕攻东胡后，夺取了东北大片疆土。为巩固对这一地区的统治，燕国从造阳（今河北易县）到辽东襄平（今辽阳），修筑了一道绵延数千里的长城，并在辖区内设置上谷、渔阳、右北平、辽西、辽东郡，辽东郡郡府设于现在的辽阳市。从此，初具规模的城邑在东北大地上出现了。沈阳当时属于辽东郡统辖下的县一级军事重镇，名为侯城。

自燕国设辽东郡以来，大连第一次在文献上明确地正式隶属于中央王朝的管辖之下。史书上对燕国辽东郡所辖县没有记载，据考证，位于普兰店市花儿山乡张店村的古城址，是大连地区历史上最早的地方政权。

"秦开却胡"一战的结果，使辽宁正式纳入中原王朝的管辖。因为燕国当时是中原国家，大连地区算是正式划入中原地区的范畴，这可是一个大事件。

随后，河北等地的居民以及中原地区的文化、先进的生产技术源源不断地流入大连，使大连的社会生产力迅速发展。

▼ 荆轲刺秦，秦国乘势收辽东

1953年3月，在当时的旅大市新金县元台公社后元台大队（后为普兰店市元台镇后元台，现属瓦房店市），社员平整土地时发现了三件青铜兵器，戈、矛和短剑各一件。其中戈的正面铭文是"廿一年启封令癕工师金冶者"，背面有"启封"二字。根据铭文，这件兵器被定名为"启封戈"。

经过专家考证，一段秦灭魏、燕，统一六国的历史逐渐呈现在大家眼前。

春秋战国时期，有一种制度叫"物勒工名，以考其诚"，就是每做一件兵器或器物，都要把制造者的名字刻在上面，方便管理者检验产品质量。这项世界上最早的质量跟踪体系和官员负责制度，让久远的历史留下了更多的印迹。

对于启封戈正面的铭文，专家解释说："廿一年"是铸造时间，指的是魏安僖王二十一年（公元前256年）。"启封令癕"是监造者，指的是启封这个地方的最高行政长官癕。启封位于现在的河南省开封市南，在战国时期是魏国的属地，后来汉景帝时为避讳改名为"开封"。"工师金冶者"是铸造工匠的名字。

让人奇怪的是，启封戈正面铭文是三晋（指韩、赵、魏三国）文字，而

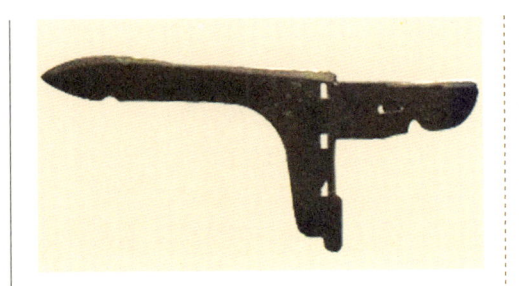

启封戈

背面的"启封"二字则是秦国的文字秦篆。战国时韩、赵、魏三国的文字、政治制度都是从春秋时期的晋国延续下来的，因此被称为"三晋"。而秦篆则是秦始皇统一中国后确定的全国统一的官方文字。

一件埋藏在地下2000多年的青铜兵器，还原了一场声势浩大的战争——

战国末期，日益强盛的秦国发动大规模兼并六国的统一战争。韩、赵先后被灭掉后，燕国成为秦国的下一个进攻目标。为了避免灭国的命运，燕太子丹派荆轲前去刺杀秦王，于是上演了流传千古的"荆轲刺秦王"的故事。荆轲刺杀失败，燕国迎来灭顶之灾。秦将王翦率军大举攻燕，燕王喜率宗族及残兵败走辽东，以襄平为都城。辽东随之成为燕国赖以延续的唯一地区。不过在魏、楚先后被秦灭了之后，公元前222年，秦派王贲率军攻击辽东，这场战争以燕王喜被俘、燕国灭亡而告结束。自此之后，包括大连在内的辽东地区成为秦国领土。

在大连地区发现的启封戈，正是

秦攻取辽东战争前后的遗物。专家分析说，启封戈原为魏军所有，秦在灭魏的战争当中缴获了这件兵器，加刻秦篆"启封"后，又用到灭燕的战争中。还有一种说法是，秦王朝将大连地区纳入管辖之后，驻防的将军使用了这件兵器。

不管怎么说，这件2000年后重见天日的利器见证了秦王朝逐渐统一中国的历史进程。

▼ 统一六国，秦皇灭燕激战大连

1971年，修路工人在庄河桂云花乡岭东村九炉屯北山头的黑土层中发现了一件青铜兵器。当时在场的一名车夫执意要看一眼，拿到兵器后又想试试锋利程度，便朝铁锹把上猛砍几下，不料使其尖部折断。后来，庄河公路管理部门将发现该件青铜兵器的情况逐级上报，文化部门指定旅顺博物馆派专家前往调查。

经过考证，这是秦攻取辽东的又一重要实物见证。这件青铜兵器长21.4厘米、宽3.12厘米、厚0.81厘米，中部隆起，刃部渐薄，断面呈扁菱形。虽然手柄全部朽烂，但是剑身黑亮无锈，锋刃犀利。兵器正、背两面均刻有精细的篆书铭文，字迹细如发丝。正面为"四年，相邦春平侯，邦左库工师岳身，冶甸沥执齐"，背面为"大攻（工）尹肖（赵）闲"。经考古专家鉴定，这件兵器由战国时赵国宰相春平侯监造，铸造时间应为公元前241年，距今已2200多年。按考古学说法，这件兵器被称为"春平侯铍"。

"四年"指的是赵悼襄王四年（公元前241年）。"相邦"就是宰相，春平侯是监造这把兵器的人。"邦左库"是国家铸造兵器的地方。"工师"是制造兵器的技师。铸造青铜兵器时，为了保证其锋利坚韧，需要非常精细的合金比例配比，"执齐"应为"执剂"，就是负责这方面的配方专家。不过，作为国家二号人物，春平侯不可能亲自监造兵器，下面有实际督造的人，就是

春平侯铍

"大工尹赵闲"。

原属赵国的春平侯铍流落到辽东郡境内，最大的可能就是秦国用缴获的赵国兵器装备自己，灭燕时带到了辽东，不慎失落于庄河。春平侯铍的出土进一步证明，当时的大连地区是秦灭燕统一战争中的战场之一。

后来，大连地区曾

发现大量的战国货币窖藏，也间接证明了大连在那个时期发生了战争。

▼ 诸王割据，秦末汉初大连烽烟不断

秦始皇二十六年（公元前221年），秦分天下为36郡。在辽东因袭燕国旧制仍置辽东郡，辽东、辽西郡下设29县。此间，今大连地区隶属辽东郡何县，因史无确载，尚待考证。

自公元前221年被纳入秦朝统一国家，至公元前206年秦朝灭亡，大连地区度过了15年和平安定的时光。不过，陈胜、吴广领导的农民起义战争，揭开了倾覆秦王朝的序幕。一些图谋分裂的割据势力，借助农民起义军的力量，乘机拥兵自重，称王称霸，大连开始陷入由于分裂割据所带来的连年混战之中。

公元前209年8月，陈胜部将武臣占领邯郸自立为赵王后，派遣韩广带兵北上。韩广取得包括辽东在内的燕国土地，自立为燕王，大连也在其势力范围之内。公元前206年2月，项羽自立为西楚霸王后分封诸王，封原燕将臧荼为燕王，而改封燕王韩广为辽东王。韩广拒不听命，同年8月被臧荼所杀，辽东遂被臧荼所并，大连地区亦随之被臧荼所统治。

公元前202年，刘邦称帝，辽东诸侯割据的局面并没有改变。当年10月，燕王臧荼谋反，刘邦率军击败臧荼，立太尉卢绾为燕王。公元前195年，卢绾也要谋反自立，被樊哙、周勃率军平定，刘邦立皇子建为燕王。自此至汉武帝元朔元年（公元前128年），包括今大连地区在内的辽东，一直被以刘氏宗室为燕王的同姓诸王所统治。

秦末汉初大连地区的历史，就是一段封建诸侯割据的历史。直到汉武帝进一步削藩集权、罢黜"燕王"，郡县制在大连地区确立，才终结了烽烟不断的状况。

大连第一次农民起义

❧ 交战双方
　　起义军　汉军

❧ 背景
　　东汉安帝时期，赋税逐渐苛繁，贫富分化严重，吏治走向败坏，腐败滋生，加上天灾不断，多地出现大饥荒，甚至到了吃食人肉的地步。最终，被逼得走投无路的人们不得不揭竿起义。

❧ 战况
　　东汉永初三年（公元109年），张伯路带领起义军活跃于辽东、山东沿海郡县，与汉军进行多次战斗。这场农民与东汉朝廷的战争，历时3年，终因实力、武器、人数相差悬殊，以起义军失败告终。

刘爽

东汉王朝到了安帝时期，赋税逐渐苛繁、贫富分化开始严重、吏治走向败坏、腐败滋生，民众本就怨声载道，不巧那几年又赶上天灾不断——水灾、雹灾、旱灾、地震一个接一个地袭来，致使很多地区的平民百姓整天饥肠辘辘、无饭可吃，甚至到了吃食人肉的地步。封建社会百姓没饭吃的结果是什么？一是饿死，二是造反。

在这些被逼得走投无路的百姓当中有一个叫张伯路的人，他带领3000多饥民驰骋于辽东、山东沿海郡县，展开了一场历时三年的农民起义。

▼ 揭竿而起，赤帻军纵横九郡

永初三年（公元109年），张伯路带领大连地区沓、文两县的农民和渔民，参加了纵横驰骋于辽东、山东沿海郡县的"赤帻军"农民起义。

既然是"起义"，就要有规模。永初三年七月，被统治者诬称为"海贼"的张伯路自称将军，把沿海流亡的饥民召至旗下，很快，队伍就壮大到3000多人。这次起义的主要战场在海上，山水交错，气势磅礴，颇有后来水泊梁山的架势。

既然叫"起义"，就要像个样子。起义军头戴"赤帻"（赤色头巾，古代武士所戴），身穿"绛衣"（深红色衣服，古代军服常用绛色），这样在打仗的过程中才能分辨敌我，以免误伤。

队伍归拢整齐后，张伯路等人把第一个攻击目标锁定为沿海九郡。他们杀郡守，戮令长，斗争矛头直指东汉王朝的地方统治者。这一消息很快被东汉朝廷得知，于是，朝廷派御史庞统率军兵赶往前线攻剿。

张伯路是个有头脑的人，他深知，如果与汉军硬碰硬，他们非但占不到任何便宜，还可能被清剿。为了保存实力，张伯路选择佯装归降，乘机再重组队伍的策略。

永初四年（公元110年），张伯路重振旗鼓，与平原郡（在今山东）的刘文河、周文光等300余人攻打厌次城（今山东阳信），并杀死了厌次城的长史，随后进入高唐（今山东禹城）地区，火烧官府衙署，释放在押囚犯。由于官府无能，张伯路打得官兵丢盔弃甲，抱头鼠窜，一时朝野震惊。

▼ 官兵讨伐，凭战船之利取胜

随着张伯路起义军声势越来越浩大，皇上也开始把这件事摆上了议事日程，欲除之而后快。东汉朝廷紧急派御史中丞王宗和青州刺史法雄一起讨伐起义军。此后的数次战斗中，起义军不屈不挠，即使战死、溺死数百人，仍与官军作殊死顽强的抵抗。

之所以出现这样的战争局面，一方面是因为法雄确有韬略，另一方面则是因为官军用的战船比起义军的要好得多。在古代，各朝代的水军战船代表了那个时代造船业的发展水平。法雄所用的战船，在快速性、适航性、抗沉性等方面都比张伯路的好很多。法雄战船的船形瘦长，长宽比近似5:1。加上流线型的尖头阔尾，船壳光滑，阻力小，其快速性显然更好。

除此之外，法雄的正规军指挥用的通讯设施已初具规模。水军驶航、驻泊、作战均有明确号令，战船进发、锚泊必须按照次序。白天使用指挥作战工具金、鼓，击鼓表示前进、鸣金意味着收兵，还有不同颜色的旗帜，夜晚则以旗帜和"炬火"配合使用，这可以说是信号旗和信号灯的雏形。法雄所拥有的一切，对于一个"白手起家"的"海贼"来说，是做梦也不敢想的。

▼ 拒绝归降，起义军最终失败

就这样僵持了数月，这时候，朝廷下了旨意，招安。可是，张伯路无论怎么看，都觉得这种招安没诚意，因为对面军队还全副武装，并没有放下武器！他犹豫再三，最后还是拒绝归降。

王宗看张伯路这么不识好歹，气不打一处来。他跟法雄商量：这些刁民这么不听招呼，敬酒不吃吃罚酒，干脆斩草除根吧。法雄则说：行兵打仗都不是什么好事，没人愿意这么干。咱们也没有必要得理不饶人，真把他们惹急了，万一跑到深海里头，咱们也不好进攻啊，再想抓他们就不容易了。既然有赦令，就先不打了，等他们放松警惕以后，就成了散兵游勇，咱们也就不战而胜了！

既然可以守株待兔，又何必穷追猛打！王宗连连点头，觉得法雄言之有理，就收兵回营了。张伯路果然不出法雄所料，退回辽东暂避风头，驻扎在大连沿海的岛上。

时间一天天过去，张伯路义军的粮食消耗殆尽，吃饭都成了问题。无奈之下，永初五年（公元111年），张伯路率领大军再一次攻打东莱，这正好钻进了法雄早已张开的口袋。法雄以逸待劳，趁张伯路的兵士立足未稳，将他们打得落花流水，四散奔逃。

张伯路没有其他路可逃，只得重新返回辽东，不幸被地主武装李久杀害，其部众见首领已死，也无力作战，于是四散逃命去了。至此，这场活动于山东、辽东沿海诸郡的赤帻军起义以失败告终。

这次起义是我国东汉时期发生的较早的一次小规模农民起义，也是有史以来大连地区的首次农民起义。

▼ 两汉时期辽东少数民族战事

汉建武二十一年（公元45年）秋，鲜卑1万多名骑兵袭扰辽东边境。事实上，先秦时期活跃在我国东北地区的各少数民族与中原关系不错，此时何以兵戎相见呢？这一切或许要拜中国历史上那个臭名昭著、极有"创意"的改革家王莽所赐。

改名运动激起反抗

王莽代汉建新后，发动了大规模的改名运动，不仅改了全国的官名，就连边地附属地方也不放过。以高句丽为例，当时，高句丽王号是西汉的元帝、成帝、哀帝、平帝都承认的，但在所谓格外讲究礼仪规矩的王莽面前，像高句丽这样的小国怎能僭越称王？于是下旨贬高句丽为"下句丽"，高句丽王为"下句丽侯"。高句丽王自然不高兴，但还没到撕破脸的时候。

不久，汉军大将严尤诱杀了高句丽的闵中王邑朱，还强迫一些民户从军出征，追杀逃役者。种种事情发生后，高句丽奋起反抗，东北陷入动乱的局面。

辽东太守击退鲜卑

辽东之乱让汉光武帝很是头疼。一个偶然的机会，他看到祭肜很有才能，于是指派他为辽东太守，解决战事争端。祭肜是何许人也？他是祭遵（"云台二十八将"之一）的堂弟。祭肜质朴敦厚，骁勇善战，能拉三百斤大弓，光武帝十分看重他。祭肜也很争气，一到任就开始重新整编军队，训练士兵。

建武二十一年，鲜卑派1万多名骑兵来袭扰，主要战场在今天的辽西地区。祭肜率数千人迎战，并亲自冲进敌军阵中，一把长柄大刀舞得虎虎生风。不久，鲜卑骑兵落败，途中掉进水中淹死的就有一大半。见此情景，汉军没有放松，一直追出塞外，从中午追杀到夕阳西下。

这一战，祭肜率军斩杀3000多名敌人，获得战马数千匹，而鲜卑军队却几乎损失殆尽。此后，鲜卑人因祭肜的存在而不敢再来袭扰。

建武二十五年（公元49年）春，祭肜感觉如果

王莽

鲜卑、匈奴和乌桓联合来犯，威胁是很大的。为治本之计，必须打破这种联盟格局，让其相互制约，削弱其力量，汉军才能以逸待劳，消除敌患。几经思考，朝廷派人招降鲜卑大都护偏何，偏何也表示愿意归附汉朝。其他部落看到偏何归附汉朝，也跟着归降，纷纷表示要为汉朝立功。

高句丽屡犯辽东

两汉时期，高句丽是以部落的形式存在，势力比较弱，直到公元403年，才占领了辽东半岛。此间，高句丽与中原王朝进行了很多场拉锯战，但由于实力悬殊，很快就败下阵来，臣服于汉朝。

据资料记载，在汉殇帝

和汉安帝年间，高句丽曾数次侵犯辽东郡，更有意侵占玄菟郡。当时的辽东郡太守蔡讽、玄菟郡太守姚光对此兴兵讨伐。东汉建光元年（公元121年），幽州刺史冯焕率领两郡太守共同讨伐高句丽和秽貊。讨伐刚开始，高句丽王面对强大的汉军，一方面派遣使者诈降，取得姚光等人的信任，暂缓了汉军的进攻步伐；另一方面秘密派兵3000人越过姚、蔡联军，偷袭玄菟和辽东两郡，焚烧了侯城，并屠杀了辽队（辽东郡的一个县）官吏和百姓2000余人。等到广阳、渔阳、右北平、涿郡3000飞骑赶赴救援时，早已是人去城空，满目疮痍。此次讨伐，汉军进展并不顺利，而且损失惨重。

同年四月，高句丽又与鲜卑人一起攻打辽队，抢劫、屠杀当地的官吏和百姓。当时，蔡讽率领大队人马追击，却在新昌（今辽宁省海城市东北30余里向阳寨）战死沙场。此役汉军死了100多人，功曹耿耗、兵曹掾龙端、兵马掾公孙酺因顽强抵抗，都死在战场上。

第二年秋天，高句丽王死了，由其弟遂成即位。遂成时期，高句丽虽然大大收敛了对辽东的进犯劫掠，但也曾在公元146年袭击辽东西安平县，杀死带方郡的长官，并抢走了乐浪郡太守的妻子。

高句丽第八代王伯固也曾多次进犯辽东。汉灵帝建宁二年（公元169年），玄菟太守耿临出兵征讨，伯固投降，臣服于汉朝，隶属辽东。此后，高句丽仍不断袭扰辽东，但收效甚微。

司马懿大战公孙氏

❧ 交战双方
公孙渊　司马懿

❧ 背景
辽东太守公孙渊一面接受魏明帝的封赐,一面又南通孙权,骑墙之策最终激怒了曹魏。

❧ 战况
公元238年,司马懿率兵4万围攻襄平(今辽阳),以持久战的策略拖垮了公孙氏的武装。司马懿大胜,斩下公孙渊父子头颅,并血洗襄平。

孙立民

有对手的人是不寂寞的，战事不断的历史也让后人格外铭记。三国，就是这样一个时代。

三国时期，魏、蜀、吴三雄鼎立的历史世人皆知。但是，"四雄争霸"也曾是历史上的惊鸿一笔。辽东这片土地，就是当时的四雄之一——公孙家族的领地。距离大连300多公里的辽阳，当时叫襄平，便是公孙家族掌控的辽东郡之首府。

公孙氏祖孙三代在辽东称王长达50年，曾创下了太平盛世。怎奈江山易打不易守，公孙家族第三代当家时，败给了大军事家司马懿，辽东被魏国收入囊中。之后，司马懿"血洗襄平"中所暴露出的血腥和残忍，令后人见识了2000年前战火逼迫下滋生出的人性之野蛮。

▼ 公孙氏割据辽东郡

三国时期，狼烟四起，各路英雄豪杰粉墨登场。各方诸侯你争我夺之时，大连这一带，恰恰是曹魏与东吴争相抢夺的地盘。

当时魏国占据北方，领土最大、人口最多；孙吴占据江南；刘备占据西部。公元220年，曹操去世，其子曹丕登基为大魏皇帝，北方包括辽宁、吉林一带都在曹魏的版图之列。曹魏收复北方时，辽东郡的太守是公孙度，当时因为曹魏忙于应付与蜀、吴的战事，加上公孙家族的势力扩大，辽东郡逐渐从曹魏政权中游离出去，成为公孙家族的割据势力。

当时辽东郡的太守公孙氏，从公孙度到其孙公孙渊统治的几十年里，逐步发展为拥兵百万的强大势力，成为东汉末至魏、蜀、吴三国鼎立时期，东北地区强大的武装政治集团。而现在的金州、大连、辽阳就在其版图之中。当时辽东郡的首府在襄平，即今辽阳。凭借依山傍海的独特位置，沓氏（今普兰店南部和金州以南）是仅次于首府襄平的中心城市。

公孙渊从父辈手里继承下这个家业时，正值辽东的鼎盛时期。有史学家认为，随着公孙氏割据势力的不断壮大，当时的局势几乎可以用"四雄（即魏、蜀、吴和辽东）争霸"来形容。但随着曹魏势力的强大，公孙氏虽称霸一方，也有强弩之末的态势。可惜的是，刚愎自用的公孙渊尚不自知。

公孙渊当时所面临的政治格局，是魏国与吴、蜀两国形成了南北对峙。魏国是辽东的宗主国，但因特殊的地理位置，公孙氏在辽东一带的根基越来越稳，轮到公孙渊当家做主时，他的野心自然也就大了起来，不把曹魏放在眼里。

孙权与曹魏明争暗斗不止，他知道公孙渊是个不服管的人，所以总是暗地里对他示好，想借此来牵制曹魏。当时的魏明帝早已看出公孙渊的野心，但权衡再三，仍是睁一只眼闭一只眼。因为当时魏国的主要精力集中在祁山和淮南战场，没心思对付公孙渊。所以魏国对公孙氏的态度就是"安抚为主"，不断对公孙家族加官晋爵。

▼ 惹怒曹魏遭讨伐

公孙渊野心太大，觉得自己的江山稳固，与吴国往来也是越来越明目张胆，这让魏国忍无可忍。魏明帝于太和六年（公元232年）下令出兵讨伐，但公孙渊当时兵强马壮，曹魏首征辽东以失败收场。

打败魏军，一方面助长了公孙渊的气焰，一方面又使他惴惴不安。于是，他转向孙权称臣，孙权自然高兴，派遣太常张弥等率领大军万人，携带金宝珍货，到辽东给公孙渊封赏加爵，并赐其为燕王。如此大的排场让公孙渊很是意外。

当时魏国为摆脱两面夹击之势，对公孙渊实行了高压威胁政策，也派官员来辽东收买人心。公孙渊惧怕魏国的征讨，只好出尔反尔，与孙吴翻脸。他向曹魏上书说，辽东对东吴展开了外交诱惑，将孙权引入圈套，为曹魏建功不遗余力、肝脑涂地。当时魏国没精力去收复辽东，只好顺水推舟，拜公孙渊为大司马，封乐浪公。

公孙渊对曹魏的虚与委蛇，对东吴的背信弃义，使其信誉全失。当时魏国将领对公孙渊的处境做了一番推断：失去东吴的援助，辽东已成"孤岛"，曹魏可乘机收复，免得夜长梦多。

▼ 辽隧之战自立为王

辽东的归属问题，是曹魏的一块心病。对公孙氏放任不管，不是曹魏不敢管，而是没有时间。但公孙氏以为是自己兵力、财力不差，曹魏才对他礼让三分。等到曹魏腾出空来对付辽东时，志大才疏的公孙渊还想着独立的事呢，危机面前未能从长计议，为辽东的完败埋下了伏笔。

景初元年（公元237年），曹魏宣召公孙渊去洛阳。公孙渊心知这是对他下的最后通牒，但想着辽东地大物博，公孙氏三代四主的根基稳固，如此霸业岂能拱手献于曹魏？于是，公孙渊决定与曹魏决一死战。

公孙渊与曹魏会战于辽隧，也就是现在的海城西部四方台村。当时，魏军因不熟悉地形战败而退。

又一次击败曹魏，公孙渊更是觉得自己了不起了。于是公开反叛曹魏，自立为燕王，设置百官衙署，改元绍汉元年。史学家分析，公孙渊之所以有如此雄心，与辽东一带地形险峻、距洛阳较远有关。但他没想到，以魏、吴两国版图之大、兵力之强，如果其中任何一国下定决心与其决一死战，他都无法保全自己。

公孙渊的彻底背叛让魏明帝终于醒悟，要想平定辽东，必须痛下决心出动大军。景初二年（公元238年）春，魏明帝召见司马懿，令其统领4万大军远征辽东，第三次讨伐公孙渊。

司马懿有多厉害？虽然屡屡败在诸葛亮的手下，但他也是一代枭雄，公孙氏对此心知肚明。得知司马懿率兵4万来攻，公孙渊怕了，赶紧向吴国求救。这时候，如果孙权出手相助，公孙渊是铁了心要归顺孙权的。可之前的背信弃义，令本来就多疑的孙权对他难以信任，于是口头上应允着，实际则按兵不动，坐观其成败。

▼ 襄平之战司马懿大胜

景初二年六月，曹魏大军到达辽东前线。陆路，从现在的辽宁朝阳、新民等地渡辽河，奔向海城西部，逼近襄平。水路，则从山东的营州到旅顺，再沿东渤海至营口辽河口，转太子河到襄平。

不出司马懿所料，公孙渊派遣部将卑衍、杨祚率军屯于大辽水与辽水汇合处的辽隧，构筑围墙堑壕20多里，以抵挡司马懿的进攻。魏军诸将立功心切，想赶紧打完仗回家，都想立即发起进攻。但擅长打"持久战"的司马懿却说，敌人坚壁据守，意在长期拖垮我军，此时进攻正中其计。况且敌人在此重兵集结，其巢必定空虚，"我们要做的就是攻其不备，直捣他们的老巢！"于是，司马懿派兵虚张声势地南移，吸引卑衍精锐部队在后追赶。另一边，司马懿却亲自率主力北渡辽水，直扑襄平。卑衍发现上当后，又忙不迭地折回襄平迎敌。

司马懿乘胜进围襄平的时候，正值七月雨季，辽东大雨不止，太子河水暴涨，平地上水深就有三尺多。八月，襄平天气渐凉，魏军在冷水中开始围城困敌，艰难情形可想而知。整天泡在水里实在难受，有部下建议司马懿将军营移到山上。司马懿听后大怒："擒获公孙渊就在这两天，怎么可以移营？如果再有人提，立斩不赦！"

赶上千年难遇的大雨，公孙渊以为此乃天助，可退魏军。然而司马懿却借助水势，令船从辽河口直通襄平城下，运送武器和粮草，补充三军兵员，做好了打持久战攻克襄平的准备。

八月末，天终于晴了，魏军开始紧缩对襄平的包围，造土山、挖地道，用各种工具昼夜攻城。城内百姓被困了一个多月，没粮草，无外援，史书记载，已出现"人人相食"的现象！

万般无奈之下，公孙渊派将领请求司马懿解围退兵，他出城当面请罪。对这一要求，司马懿坚定地否决了。更严重的是，他竟然斩杀了来使。看到只有投降这一条路了，公孙渊只好再派侍中卫演前去，担心司马懿不答应，还提出把自己的儿子送去做人质。心狠手辣的司马懿当然没有让步，对卫演说："打仗这事，能战就要战，战不过就得守，守不住就跑。除了这些，就剩下投降和死的选择了。既然公孙渊现在不愿意当面投降，也只有死路一条了，用不着送儿子做人质了。"

几天后，襄平城被魏军攻破，公孙渊和他的儿子向东南逃去，魏军紧追不舍，在梁水（今辽宁太子河）一带，取下了公孙渊父子的头颅。

▼ 司马懿血洗襄平城

司马懿围攻襄平时，东吴也派水军在大连地区登陆，与退守辽南的公孙氏残部7000余人会合，同魏军激战。但后来发现公孙氏大势已去，于是折返。史书记载，东吴将大连地区的男女青壮年劫掠，当作战利品带回东吴老家。

杀掉公孙渊，轻取襄平，辽东郡甚至周边各郡几乎是曹魏的囊中之物，但司马懿并未就此善罢甘休，他向世人展示了他的冷血和残忍。

进入襄平后，司马懿把辽东公卿百官和被俘的军官以及15岁以上参战的士兵集中起来。因为在雨水和湿冷中围城一个多月，挨到胜利的魏军士兵对这些残兵败将满腔怒气。司马懿对被俘的辽东官兵说："你们马上就会知道跟着公孙渊叛国的下场了！"然后屠杀开始。

公孙氏政权中，公卿以下官员全部被诛杀，武将毕盛等军官2000余人、15岁以上兵民7000余人也悉数被杀。

这是古襄平史上最为惨烈的一页，也是辽东历史上最为惨烈的杀戮，襄平的血水似乎比七月的雨水还要多。一时间哀号遍野，悲痛和绝望淹没了整个城池，襄平成了一座血城、鬼城和哭城。血洗之后，司马懿还命人把尸体码在一起，用土封上示众。

攻克辽东后，公孙氏原统治的带方、乐浪、玄菟等郡均向魏国投降，司马懿征讨辽东大获全胜。至此，公孙氏政权历经50年的统治于公元238年宣告结束，曹魏完成了对北方的统一。

速渡辽水，缓攻襄平，因势用兵的战略战术，在诸多史学家的眼中，这确实是军事家司马懿的高明之处。但以屠城之举惩戒抵抗，斩草除根，更让世人见证了司马懿作为政治家的冷血和残忍。可以说，在计谋、杀戮和残忍等方面，司马懿都有他的前辈曹操的风范。

隋唐征东 主战场——大连古山城

❧ 交战双方

隋／唐军　高句丽

❧ 背景

隋统一中国后，隋文帝、隋炀帝曾多次率军征讨高句丽。到了唐太宗时代，中原王朝仍以收复辽东为国策，不断派重兵征东。

❧ 战况

公元598年，隋文帝下令水陆军征讨高句丽，从此拉开了隋唐两代四位皇帝持续70余年对高句丽的征讨。直到公元668年，唐朝才将辽东收为己有。

胡慧雯

在大连周边的一些山地间，蜿蜒着十余座古老的山城，走近它们，抚摸斑驳城墙上那些被刀枪剑戟劈凿的伤痕，看着古城内外那些被踩踏和烧燎的印记，恍惚间交错了时空，耳边是震天的厮杀声，入眼是堆积如山的尸骨。千年之前的冷兵器时代，隋唐两代四位帝王前后数次征讨辽东，最多一次居然派出百万大军，然而却次次失败，损失惨重。最终，活活拖垮了隋王朝，拖死了唐太宗。当时占据辽东的这个政权叫"高句丽"，那些伤痕累累的山城就出自他们之手——始建于公元5世纪的东晋时期，终于隋大业十年（公元614年）。据说，高句丽人最初修城的目的，是想防御从海路进攻的"敌军"。

▼ 古山城具有完备的防御体系

追本溯源，高句丽是东夷的一支。最初蜗居在长白山的南麓，也就是今天的吉林省东南部。早年，由于他们住的地方全是山，放眼望去，几百里看不到一块平地。这种地理环境的直接后果就是没地种粮食。所以，高句丽人日子过得艰难，时常饿肚子。直熬到西晋末期，机会终于来了：中原的司马氏王室内讧，每个人都想做皇帝，宫里的人整天斗来斗去……当权者忙着内斗，自然也就不顾其他了。

高句丽人趁此机会，默默地向南扩张。没几年，西晋王朝灭亡，进入"五胡十六国"的乱世，高句丽逐渐西侵，并打败后燕，占领了辽东（含大连）地区。

公元581年，隋文帝统一北方，乱世基本结束。当时高句丽的国王叫高阳，自称"平原王"。他一得知统一的消息，就在同年12月派使者带着礼物去中原朝贡。隋文帝授平原王为"辽大将军东郡公"，加封"高句丽王"。此后高阳每年都派人朝贡，最多的时候一年去三次。

事实上，高句丽对隋朝的臣服只是个表象，私下里，高阳积极囤积粮草，加紧扩充军备，随时准备和隋朝抗衡。公元589年，高阳死了，他的儿子"婴阳王"高元即位。高元比他的父亲还有野心，即位后，他一边派人去中原继续演戏给隋文帝看，一边仍坚定地走着"据守路线"，并开始加紧修建山城——大连地区的古山城多数都在这个时期建成——迄今为止，尚保存着金州大黑山卑沙城、瓦房店得利寺龙潭山山城、普兰店魏霸山城、庄河城山山城、普兰店大城子山山城等十余座古老山城。

说起来，这些有着几百年历史的古老石筑山城极富特色：和中原的城邑相比，这些老山城缺少规范的生活设施布局，不过，军事设施却非常完备。一个最显著的特点就是能够充分利用山势地貌，把城址或建在水陆交通的要道之上，或修于两河交汇的高山深谷之中。有的山城前面还有低一些的山峦遮挡，具有很好的隐蔽性。特别是那些规模比较大的山城，防御体系更为完备，不仅有山城墙、边墙、堵截墙，隐蔽的门户和通道，至高点上视野开阔的瞭望哨和居高临下的指挥所，还有冬暖夏凉、宽敞的屯兵处和马厩，以及军民生活区和蓄水池。

▼ 金州古城之战隋军铩羽而归

公元598年，婴阳王高元停止向隋朝进贡，并带领万余骑兵进攻辽西郡。

说起来，高句丽和强大的隋王朝相比，实力还是很弱。没走多远，高元的军队就被当时的营州总管韦冲堵住，于是撤了回去。隋文帝听到这个消息后大怒，立刻将高句丽视为眼中钉、肉中刺，就此拉开了隋唐两代四位皇帝持续70余年对高句丽的征讨。

当时，隋文帝下令水陆军30万人即刻进攻高句丽。可惜，隋陆军走到半路赶上雨季，道路泥泞，粮食也供应不上，还暴发了瘟疫；而水军途中遭遇大风，船被吹得东倒西歪。就在这时，高元也意识到自己的"错误"，马上派使者向隋文帝谢罪，自称是"辽东粪土臣"，并送了很多礼物。隋文帝也借机下令撤兵。

隋文帝死后，隋炀帝即位。新皇登基，五湖四海的少数民族都来朝贡，但唯独少了一家——高句丽。

公元612年春天，隋炀帝集结了号称有200万人的大军，从涿郡沿陆路出发，集中兵力进攻高句丽。其中，位于今天金州大黑山的卑沙古城就是他们进攻的目标之一。卑沙城是大连地区建筑最早的山城，修建在海拔500多米的山谷中，城墙蜿蜒5000米。从高空看，整个城墙如同两只张开的巨大翅膀，环抱着两个深谷。高句丽人对古城的修建也十分用心：卑沙城的城壁高3~5米，厚3.3米，里面用土石填平，外面用石块"干打垒"筑成。特别引人注目的是，山城借用天险，在城南及西南利用几十米高的天然峭壁，加少量石块修筑成为天然的屏障，可以说是易守难攻。

就是这样一座城，让隋炀帝的百万雄师一次次无功而返。

公元614年春天，隋炀帝在连败两次的情况下，第三次征讨辽东。这一次，隋炀帝改变了战术。首先，在陆军方面，由皇帝亲自率领挺进怀远镇（今辽宁辽中县）；水军方面，任命右翊卫大将军来护儿率部从莱州湾畔的黄县（今山东龙口）渡海，攻打卑沙城。当时，高句丽发动全部兵力来迎战。那一年，大黑山脚下战斗十分惨烈：刀光剑影，杀声震天，遍地尸骨……一场激战后，来护儿大胜。

高句丽王高元听到此消息后，赶紧派使者到隋炀帝那里求和。隋炀帝收到高句丽的投降书后，下令让来护儿撤兵。

其实，隋炀帝也有苦衷：当时隋朝国内爆发大规模农民起义，形势十分危急，他根本无心继续在辽东恋战。

4年后，隋亡，但高句丽还在。

▼ 唐军夜袭卑沙城大获全胜

隋灭亡后，其替代者就是更为强大的唐王朝。起初，唐朝廷和高句丽还算相安无事，毕竟经历了多次战争，都需要休养生息。而且，两边还派员互访，关系融洽。但到了贞观十四年（公元640年），又出事了。

当时，高句丽的重臣盖苏文突然发动政变，杀死了高句丽王和百名官员，另立新主。不仅如此，盖苏文还攻占了百济的40多座城池和新罗的2座城池。这个消息传到中原，引起了唐太宗李世民的不满，于是，他派人去高句丽调解，结果不仅被拒绝，还遭到挑衅。这下，李世民被彻底激怒了。

李世民先派人到辽东探听虚实，同时，争取民众对征东的支持。另外，他还选拔精兵良将，为收复辽东做好充分的准备。

贞观十八年（公元644年）开始，李世民先后多次派兵攻打辽东，可以说，每次都取得了不错的战绩。公元645年四月，李世民任命刑部尚书张亮为统帅，率4.3万人马，乘500艘战船直逼大连，并在今大连的旅顺、三山浦（青泥浦）、大连湾一带登陆，然后集中力量向卑沙城包围突袭。

卑沙城遗址

当时，卑沙城四面都是悬崖峭壁，只有西门相对薄弱，勉强可以攻击。于是，张亮手下一名叫程名振的大将，半夜带兵悄悄摸到卑沙城的西门下。随后，唐军副总管王大度凭借灵敏的身手，翻过了几米高的城墙，神不知鬼不觉地从里面打开了城门……就这样，在高句丽人完全没有察觉的情况下，唐军杀进了城——那是公元645年五月，卑沙城被破，城内男女8000多人统统成为唐军的俘虏。

卑沙城被突破后，唐军将大连地区作为继续东进的基地，兵分两路，可谓战无不胜。而在随后的战役中，最风光的一个人当属薛仁贵。史书记载，薛仁贵手握长戟，腰挎双弓，冲锋陷阵勇冠三军。唐太宗听说后，龙颜大悦，马上召见，并加封薛仁贵为"游击将军"——就这样，薛仁贵征东的传奇盛传不衰。

为了纪念张亮等唐将的功绩，老百姓在卑沙城下修建了一座石鼓寺，里面供奉了李世民、尉迟敬德、徐茂功和张亮等人的塑像。在民间，这座庙还被称为唐王庙，庙里有一口井，传说能包治百病。

总之，卑沙城一役为唐军此后的胜利奠定了基础。到公元645年九月，唐军共打下了10个城池，获得10万石粮食（1石相当于今天的27斤）。因为临近冬天，唐太宗考虑到保暖问题，下令收兵。

▼ 大连山城为唐军首攻之地

贞观二十一年（公元647年）二月，唐太宗决定一举拿下辽东，大臣们纷纷出谋划策。

一转眼到了三月，李世民钦点牛进达、李海岸两人为主将，率兵1万多人，乘船从莱州出发。七月，唐军从都里镇（今旅顺）登陆，并把这里作为基地，调适休整。牛进达和李海岸选定了沿黄海北进至今碧流河海口一带的进攻路线，并首先把目光对准了石城（今瓦房店得利寺龙潭山城）。凭着丰富的作战经验，他们很容易就攻克了石城。之后，唐军来到了积利城（今庄河城山山城）。在这里，他们遇到了点小挫折。

城山山城修建于公元631年，是高句丽王特意为阻断唐军北进而修建的。这座城建在险峻的山上，并有重兵把守。牛、李二人率兵到达积利城下时，高句丽1万多士兵已经在等候着他们了。就这样，双方展开了一场激烈的厮杀。不得不说，李海岸确实是员猛将，史书上说，"斩首二千级"。就这样，他们在大连地区大大小小打了几百场仗，全胜。

与此同时，李世民在陆军方面也有调配，但主战场并不在大连。但无论如何，唐军所到之处都是战无不胜、攻无不克。这种打法，打得高句丽彻底软了。公元648年，盖苏文派使者到长安谢罪。

▼ 唐太宗曾把军需藏在三山岛

事实上,盖苏文并不甘心失败,他向朝廷求和的目的,是希望获得喘息的机会。等唐军一撤,他又故态复萌:不仅开始怠慢唐朝使者,还不断入侵新罗。

公元648年,李世民在江南造了数百艘大船,再一次准备征讨高句丽。得知此消息,高句丽王吓坏了,赶紧派儿子和莫离支(相当于今天的总理)高任武去谢罪。李世民热情款待了他们。

但李世民没那么容易消气。他先把高句丽的使者安抚好,转过年来(公元649年),就派出30万大军,出动1100艘军船,再征高句丽。同时,李世民还让当时的莱州刺史李道裕把攻打高句丽的粮食和器械储备在今大连地区的青泥浦一带及三山岛上。

奈何人算不如天算,同年五月,仗还没等打起来,李世民病逝了。

唐高宗李治即位后,高句丽王再次派人入朝求和。于是,李治暂且取消了辽东之战,双方相安无事了几年。

后来,唐朝廷和高句丽又闹翻了,最终通过几场战役,彻底收服了高句丽。不过,那些战役就已经不在大连了。

隋唐征东主战场——大连古山城

宋金联手灭辽

大连是登陆港

❧ 交战双方
北宋+金　辽

❧ 背景
宋辽对峙期间，双方围绕"燕云十六州"的归属有过旷日持久的战争。随着金朝的崛起，促使宋金联手建立"海上之盟"，意在夺回"燕云十六州"。

❧ 战况
1120年，北宋与金达成协议，合作攻辽。1125年，金军兵不血刃占领燕京。燕京等地的金银财宝和各类工匠被金掠夺一空，宋仅得到一座空城。辽朝灭亡。

孙立民

大连市甘井子区大连湾镇有一处断断续续的石墙，青砖斑驳破损，边沿模糊残缺，但依旧骄傲地站立着，诉说着往昔的风雨沧桑。这是公元908年，也就是辽建立后第二年修筑的镇东海口长城，南起盐岛村，北至土城子村烟筒山一线，全长约6公里。

近在咫尺的记忆，明证了契丹民族往昔的辉煌。

北宋，强盛而繁荣，是封建王朝发展的一个顶峰。在北宋王朝的北方，有一个疆土面积两倍于它的王国，其力量丝毫不逊于北宋，这就是契丹人建立的大辽王朝。

今天，在我国56个民族之中，已找不到契丹这个名字，但是盛极一时的契丹大辽王朝，依然在很多地方留下了它的基因。

▼ 辽朝在大连设苏、复二州

契丹这个马背上的民族，在中国北方曾有过非比寻常的强盛。

辽朝建立期间，在今天的大连地区设置了苏州（今金州）和复州（今瓦房店复州城）等行政建置。当宋太祖赵匡胤建立北宋政权的时候，距离辽太祖耶律阿保机建立他的帝国，已经过去了44个年头。在这近半个世纪的时间里，大辽国经过四位皇帝的经营，已具有相当的实力。长城以南，包括今北京、天津直至大同在内的"燕云十六州"之地，都属辽朝所有。辽人的铁骑随时可能长驱南下，这让大宋王朝的太平日子平添了一些隐忧。

辽宋对峙之际，辽朝的版图是北宋的两倍，其疆域之所以如此辽阔，主要得益于辽朝初年的对外军政扩张。通过三次扩张，奠定了辽朝的版图疆域，即如《辽史·地理志》所说："东至于海，西至金山，暨于流沙，北至胪朐河，南至白沟，幅员万里。"

在如今大连的土地上，能发现辽朝的建筑并不奇怪。因为辽朝建国时，大连地区就属辽朝势力范围。辽太祖灭渤海国后，在当地建立东丹国，当时的大连属于东丹国辖区。后辽太宗南迁东丹国于东平（今辽阳），升东平郡为南京，大连遂成辽朝南京辖区。

公元938年，辽朝升幽州为南京（今北京），改原南京为东京。此后的大连地区转归辽南京统辖。以契丹族为主体建立的辽朝，在存在的200余年里，将整个中国东北地区、北方草原地区和华北大部分地区，尽收其版图疆域之中。在此基础上，辽朝实现了中国北方地区空前的统一，与当时在中原立国的宋朝，形成了南北互存对峙的局面。

▼ 辽朝衰败，金朝渐强

历史上的王朝更替，有其必然规律，但其直接引发变故的导火索，却各不相同。辽朝从昌盛走向衰败，可谓祸起后宫。

辽道宗时期，权臣耶律乙辛当道，

为了扫清专权路上的障碍，他便诬陷明达治道的道宗宣懿皇后，称她与人私通。道宗听后非常愤慨，随之做出了一个影响到王朝兴衰的决定——处死皇后。因为对皇后失望透顶，他命人将皇后的尸体剥光衣服送回娘家。耶律乙辛担心太子会因此事报复，又诬陷太子要谋反，借此把太子也给杀了。事实上，这个皇后极其贤淑，守妇道、懂礼仪，太子也是秉承帝业的贤人。只可惜中了他人奸计，这后宫之乱直接令朝廷上下一片混乱。

就在皇后和太子双双毙命的几年后，辽道宗渐渐发觉，对皇后和太子的处置可能是受人蒙蔽了。之后，辽道宗对耶律乙辛及其党羽进行了严厉处罚。此事在历史上称为"耶律乙辛之乱"。虽然奸臣被惩，但这样的内耗最终导致辽朝走向衰败。

就在辽朝走向衰落的时候，另一个民族正在悄然崛起。1114年，女真族部落首领完颜阿骨打，因为不满契丹人的压迫揭竿而起。他们合兵2500人攻下宁江州，此后完颜阿骨打的势力越来越大。天庆五年（1115年），完颜阿骨打称帝建国，国号为大金，定都会宁（今黑龙江阿城市白城）。金兵在反辽战争中连战连胜，攻陷沈州，又攻下东京（今辽阳）、辽东四十四州。与完颜阿骨打的金朝日渐强大形成对比的是，辽朝却面临国势衰微的境地。

▼ 宋辽之争只为燕云十六州

杨家将骁勇善战驰骋沙场的故事，很多人都耳熟能详。在宋朝，与杨家将交锋的对手就是契丹人。

宋朝是中国历史上上承五代十国、下启元朝的时代，但也是历代中原王朝中所辖领土范围最少的王朝。辽朝疆域辽阔，但让大宋王朝对其耿耿于怀的还是这个燕云十六州。

在古代，秦始皇留下的长城几乎是北方民族进入中原不可逾越的障碍。受辽朝控制的燕云十六州恰恰位处长城地带，这就使镇守中原的宋朝的北方大门无险可守，辽军随时都有可能从燕云十六州出发侵扰中原。因燕云十六州在五代十国前属大唐的属地，所以收回"领土"，完成中原统一大业，对宋朝来说是一件具有使命感的大事。

为了完成这一使命，宋朝建立后曾三次北进伐辽，企图收回燕云十六州，可惜都遭到惨败。人们熟悉的杨家将，就是这些战事中的主角。到了宋真宗的时候，宋朝倒是打了一个胜仗，但仍没能收回燕云十六州，结果与辽签订了一个和约，这就是历史上的"澶渊之盟"。双方虽然讲和了，但条件是辽朝仍然占领燕云十六州，并且每年宋要向辽进贡银绢。这种局面一直持续到北宋末年。

▼ 宋欲借金之力夺回燕云十六州

在辽宋对峙期间，双方围绕燕云

十六州的争夺，曾经有过旷日持久的战争，但战争的主动权始终都在辽朝一方。辽宋之争的终结，是发生在辽朝末年的宋、金联手灭辽的"海上之盟"。

女真崛起反辽建立金朝后，北宋之所以提出与金朝结盟，是想借助正在崛起的金朝力量，夺回燕云十六州。

宋政和七年（1117年）七月，北宋政府接到登州（今烟台）守臣王师中的报告，称有辽人的船被大风刮到登州境内的砣矶岛，船上的200多名乘客系苏州（今金州）居民高药师、曹存才和僧人郎荣等，同船的还有他们的眷属。宋人通过这些来自辽的难民得知，女真与辽人征战累年，争夺的土地已达辽河之西，包括大连在内的辽东全境。而这些人本来是为逃避战乱打算乘船由海上避居高句丽的，却被大风刮到了登州。

其实，早在1111年，北宋见辽势力衰微，就有吞并辽的打算，于是派大臣童贯作为宋朝使节出访辽朝。这个人名义上是使节，实际上是间谍。童贯在辽国官员的陪同下，在卢沟桥附近的驿馆下榻。其间，因买马结识了一个叫马植的人。此人是燕京人，虽身在辽国，却希望自己的家乡能归宋朝，可谓"身在辽国心在宋"。马植说自己身为汉人，祖居燕山，想到契丹人占着燕山心感愧疚。现辽帝天祚荒于女色，大权旁落于大舅哥萧奉先手中，辽国已是外强中干，人心涣散，灭亡是迟早的事。

1115年，童贯向宋徽宗献上了联金

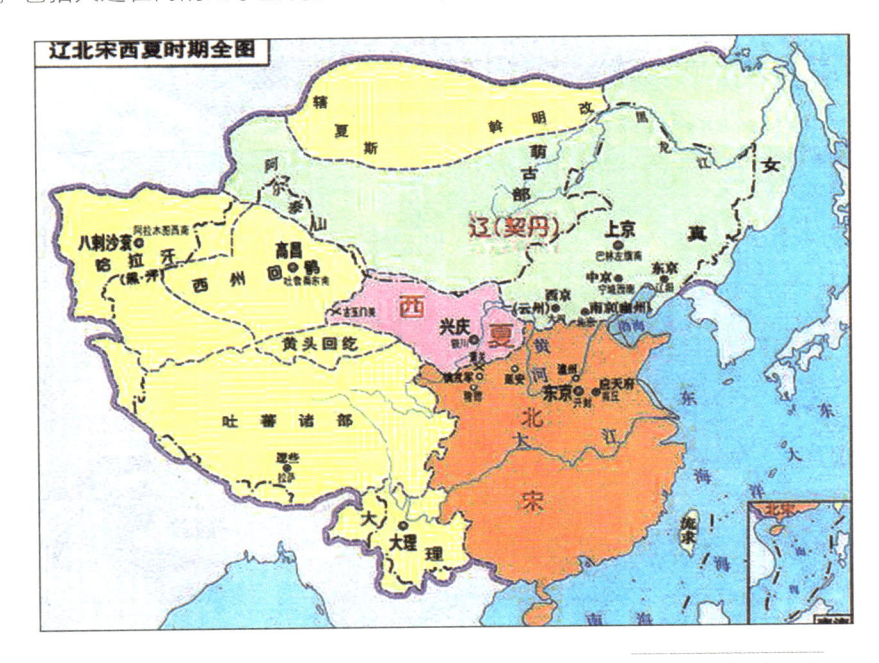

宋金联手灭辽 大连是登陆港

辽北宋西夏时期全图

灭辽之策，并向宋徽宗推荐了马植。而高药师等人的到来，让北宋政权得到了辽金战局势力消长的最新情报，特别是了解到大连所在的辽东半岛，"海岸以北，自苏、复至兴、沈、同、咸登州，系属女真"这一重要信息。于是，宋人蓄谋已久的通过海上通道实施灭辽的计划，逐步落实到了具体日程上。

政和五年（1115年）八月三日，登州守臣王师中奉命选择7名将吏，以高药师为向导，探听金朝虚实。二十二日，高药师所乘船只虽然到了大连海岸的苏州地界，但"王见岸上女真兵甲多，不敢近而回"。

北宋这次遣高药师等人通过山东半岛至辽东半岛海上通道沟通金朝的行动，虽未能上岸，却意味着宋朝取道海路联金灭辽的计划已开始实施了。

▼ 宋金结盟，辽朝被大金所灭

政和八年（1118年）八月，马植同高药师等再次从登州乘船出发。与上次不同，此次同行人中，有擅长女真语的平海军士兵呼延庆。到闰九月初九，马植一行抵达大连海岸。这时的金州，几乎已被金人占领了。他们上岸后，随身的物品就被抢夺而去。经一番辩论，马植等人被带到了金朝皇帝完颜阿骨打的处所。马植表明来意，完颜阿骨打与部下商议，决定接受海上联盟的建议。

宣和元年（1119年）三月，北宋第三次派人出使金朝，使臣离开登州后，北宋得到情报，辽已割辽东之地于金朝，并收到传言，称女真与契丹已经修好。

宣和二年（1120年）二月，北宋再次从登州出发与女真商讨攻辽之计。这一次，他们谈判的地点是现在大连境内的金州关下。其间，完颜阿骨打正出征分三路攻上京（今北京）。这一次，宋朝使臣与金的谈判是在金对上京发起总攻之前，可以说，谈判是在金朝攻打上京的凯歌之中进行的。北宋表明了态度，就是想拿回燕云十六州。但当时辽朝的上京和东京（今辽阳）已经失守，本属契丹的地区已多归金朝所有，辽朝灭亡之势渐渐明朗，所以宋朝的谈判显得相当被动。最后达成协议，灭辽之后燕京地区归宋，但仅限于幽、蓟等六州之地，与北宋预期的差别甚大。

双方又经过多次辩论，最终达成一致：金同意将太行山以东幽、蓟、檀、瀛、顺、涿、莫七州交还于宋；宋每年向金纳岁币（进贡）、银绢各20万两匹，另输代税钱100万缗；平滦营不是五代时契丹的受贿之地，不在归还之列；西京暂不归还，另议。宋同意金带走燕地人口。其他条款，如战后（如果胜利）金原则上同意将燕云十六州交给宋。宋朝作为代价，将每年贡给辽朝的岁币按旧数转贡金朝。金朝出兵，宋朝给予一定的粮饷军费补贴等。

盟约签订后，完颜阿骨打率领金军很快攻下了辽中京，同时派粘罕出兵占领了西京大同。这时，完颜阿骨打在关外安顿军队，等待宋朝出兵进攻燕京的消息。宋朝却迟迟没有出兵。原来宋朝"后院起火"，方腊在南方的起义让宋徽宗焦头烂额，宋朝只好先派兵镇压方腊起义。平乱之后，童贯率大军挥师北上攻打燕京。然而宋军连连溃败，始终攻不下燕京，只好求助于完颜阿骨打。

完颜阿骨打非常气愤，同时对宋军蔑视有加。他挥师南下直指居庸关，守关的辽兵听说完颜阿骨打率领金军要攻关，放下武器打开关门让金军通过。就这样，金军一路顺利进入燕京城。燕京城的文武百官都集合在鞠球场上受降，连炮衣都没有掀开。金军兵不血刃地占领了燕京城。

至此，立国长达200多年的辽朝被大金国用十年时间所灭亡。

▼ 大金满赚，宋朝只收回空城

对宋来说，宋辽盟约是个相当不平等的协议。但是宋徽宗急于庆祝所谓的"胜利"，并没有计较就急着答应了。在金军大举占领燕京后，金军满载金银财宝、图书典籍，押解着几万燕京的各类工匠、年轻女子、青壮劳力浩浩荡荡一路向东去了，只给宋朝留下了一座空的燕京城，以及周边几座几乎空了的县城。

尽管如此，宋徽宗仍然非常兴奋，他认为自己完成了历代老祖宗都没有完成的收复燕云十六州的伟业，值得庆祝。于是，他先是为收复燕地的有功人员晋官封爵，封童贯为豫国公，封赵良嗣也就是前面所说的马植为近康殿学士（二品），又宣诏全国大赦，同庆三天。最可笑的是，他觉得这些还不够，还在万岁山上刻了一块石碑，想让自己的功绩永垂青史。

辽王朝灭亡后两年，金兵大举南下，俘虏了北宋徽钦二帝，占据了中原地区，北宋灭亡。

这样的历史，实在令人唏嘘。然而，伴随着帝国的灭亡，曾经创造了众多文明的契丹民族也逐渐消失得没有影踪。如今，56个民族之中已无契丹的字样，但契丹文化在今天的中亚和欧洲地区仍有一定影响。契丹艺术——绘画、乐舞、建筑、书法、雕塑等，也是中华艺术宝库中的奇葩。

红巾军起义屡陷金州

张洪骏

❧ 交战双方
　　红巾军　元军

❧ 背景
　　元朝末年，统治者昏庸，政治腐败，民怨甚重，而"开河"和"变钞"又进一步激化了元末的社会矛盾，韩山童、刘福通等人利用这次机会举兵起义。红巾军起义爆发不久，迅即波及偏处东北一隅的辽阳行省。

❧ 战况
　　1351年，刘福通部将陈佑率部渡海攻陷金州。1359年，红巾军兵分三路北伐，中路军在关铎、潘成等率领下，先后攻占金、复、海、盖四州。1363年，红巾军覆没。

在大连古代战争史上,恐怕没有任何一座城像金州这样多灾多难。几乎每一次战乱,这里都会成为攻防双方的主战场,金州烙印硝烟的城墙,一次次成为炫耀武力的最好舞台。

在元朝,大连地区的金州、复州是兵家必争之地。无论是元初的蒙军攻金,还是元末的农民起义,金州、复州都多次被攻陷。

东北地区虽然是蒙古族经营较早的地区,但又是元朝完成全面统一较晚的地区。就大连地区而言,直到元太祖六年至十一年(1211年~1216年),蒙古军队三次进军辽西、辽东,开始涉足东北南部地区。从1214年起,蒙古军大举南下,攻占辽南重镇金、复、海、盖等地。

▼ 叛金自立,蒲鲜万奴转战辽南

一个朝代的灭亡和一个朝代的兴起,伴随着的往往是连天战火。

1125年辽朝灭亡后,聚居在东北西南一带的契丹人民多次起义,反抗金的统治压迫。1212年,时任金北边千户的契丹人耶律留哥发动契丹人起义抗金,并投靠了蒙古。

1213年年初,金命完颜承裕率大军前往镇压。耶律留哥在蒙古军援助下,大败金军。三月,耶律留哥被推为辽王。

1214年,女真人蒲鲜万奴受命率领40万大军再次攻击耶律留哥,结果大败。蒲鲜万奴曾因擅杀东北路招讨使完颜铁哥,引起东北实力人物的不满。加上金王朝在蒙古紧逼下形势恶化,蒲鲜万奴决心脱离金朝控制,以自己的武力重振女真在辽东的统治。

1215年年初,蒲鲜万奴在东京(今辽阳)自立,随即攻占沈州(今沈阳)、澄州(今海城)等地,并得到周边响应。为了扩大势力范围,蒲鲜万奴开始分兵略地。三月,以9000兵力进攻婆速路(今丹东)。四月,分别攻上古城、望云驿、三叉里等地,因受金军阻击均未得手。五月,蒲鲜万奴驻守大宁镇(今岫岩)的部队遇袭被歼。不久,东京被耶律留哥攻占,蒲鲜万奴只好率部转战辽南,攻宜丰(今辽阳东南)、汤池(今盖州东北汤池堡),但再次被金军击败。蒲鲜万奴无奈又从辽南北上,并利用耶律留哥父子朝见成吉思汗之机,夺回东京。而转战辽南的部分蒲鲜万奴军队,因同主力部队失去联系而转移至海岛。

▼ 进军辽南,元军攻占金复海盖四州

对于一代天骄成吉思汗来说,在消灭辽东的金人残余势力之前,用兵中原有太多变数。

1214年五月,金迁都汴京(今河南开封),成吉思汗抓住时机,令木华黎大军南下进攻辽东。1214年十月,木华黎军迅速夺取临潢(今内蒙古巴林左旗)、高州(今内蒙古赤峰东北哈拉

木头古城）。随后，木华黎以重兵围困大宁（今内蒙古宁城），相继攻占辽西15城，十二月，又夺取了懿州（今辽宁阜新塔营城子）。大宁久困之下城中粮尽，1215年正月举城投降。

攻克辽西重镇大宁之后，木华黎遣使四处招降，基本控制了辽西地区。却不料，锦州风云突变。聚众10万自立临海郡王的张鲸投降蒙古，但是被蒙古军将领萧也先所杀。张鲸的弟弟张致在锦州叛蒙，自称汉兴皇帝。张致军队声势颇大，先后攻占落入蒙古军之手的辽西大部地区。木华黎派蒙古不花等率数万蒙古军讨伐张致，张致被部将所杀，其部举城降蒙。

1216年，蒙古军举兵南下，连续攻占辽南重镇金（金州）、复（复州）、海（海城）、盖（盖州）等15城，蒙古军在辽南地区声威大震并一度到达鸭绿江边。

蒙古军木华黎部进军辽南，使金人在东北地区的势力完全陷入瘫痪，并割断了金政权东北与内地之间的联系，从而为蒙古军彻底消灭金人在东北地区的残余力量奠定了基础，对于蒙古军中原征战也起了重要作用。

▼ 渡海攻辽，红巾军在辽南建立政权

元朝初期，由于蒙古与金连年战争，导致大连地区人口减少，大片土地荒芜。因此，元朝废除金朝所设置的金、复二州，并入盖州路，后又并入辽阳路。至元二十一年（1284年），元朝在金州城设置金复州屯田万户府，并在城南设哈思罕千户所，属辽阳行省辽阳路管辖。1330年，金复州屯田万户府更名为哈思罕总管府，统领大连地区民政。在现在的青泥洼桥一带设哈思罕千户所，千户所下设百户所；在庄河沿海设有巡防百户，管理石城岛、王家岛等地。

元朝后期，以蒙古族贵族为主的统治阶级疯狂兼并土地，横征暴敛，挥霍无度。加上黄河河堤连年失修，多次决口，民不聊生。阶级矛盾和民族矛盾的极端尖锐化，终于导致了元末农民起义。以红巾军为主力的农民起义军沉重打击了元朝在全国各地的统治，为朱元璋最后推翻元朝创造了条件。而红巾军起义爆发不久，就迅即波及大连地区。在与元军、倭寇的拉锯战中，金州、复州等地多次被红巾军攻占。

至正十一年（1351年）五月，刘福通、韩山童等人领导的红巾军在安徽竖起讨元大旗，拉开了轰轰烈烈的元末农民大起义序幕。长期郁积在人民内心的怒火，以烈火燎原之势向全国迅速蔓延，不久就波及偏处东北一隅的辽阳行省。就在当年，进入山东的一支红巾军——淮安陈佑率领的队伍从登州渡海，登陆辽东半岛。

这支红巾军计划向辽阳行省发展，他们曾重创元军，一度攻陷金州，但终因后无援军，势单力寡，无法坚持下

刘福通塑像

去。被元枢密同金老婼带兵攻击后，陈佑率领的红巾军只好渡海回到山东。红巾军的这次进攻虽然失败了，但是在陈佑攻陷金州之后，居住在辽西地区的部分蒙古牧民受红巾军大起义的影响，多次爆发小规模的反抗斗争。

红巾军并非因此而放弃辽阳行省。

1358年年底，分为三路大军的红巾军在围攻元大都计划失败后，中路红巾军开始东进，转战辽阳行省南部地区。红巾军首先攻下全宁，烧掉翁吉剌部的鲁王宫府，随后攻克大宁。红巾军继续东进，在1359年一举攻占辽阳行省省会懿州，杀掉元懿州路总管吕震和辽阳行省儒学提举赵洙。占领懿州后，红巾军派遣一支500人的小部队，南下攻打广宁，不过因为元军早有准备而失败。红巾军再派大军攻打广宁，围攻的人马排到数十里外。广宁城被攻破后，广宁路总管郭嘉被杀。几个月的时间，红巾军已占据辽西大部地区，包括元朝辽阳行省的政治中心懿州。红巾军在此建立地方政权，任命毛居敬、关先生（关铎）、破头潘（潘诚）、沙刘儿、朱元帅等将领为辽阳行省平章政事，准备把辽阳行省建成红巾军在北方的重要基地之一，为夺取元大都创造条件。

▼ 经营辽东，红巾军多次攻占金复州

红巾军从安徽起事，但在辽东却混得风生水起。

1359年年初，为了扩大战果，红巾军分兵数路向辽阳行省的四方发展。四月，向南进攻的红巾军在关先生、破头潘、董太岁、沙刘儿率领下，攻占了金州、复州等地，基本控制了包括大连在内的辽南地区。仅仅两年左右时间，红巾军横扫辽阳行省南部的大部分地区。

不过，在形势发展对红巾军十分有利的局面下，红巾军内部却发生了一些变化，活动于山东境内的东路红巾军发生内讧，主将毛贵被赵君用所杀。配合中路红巾军进入辽阳行省的东路红巾军将领续继组，听到毛贵被杀，于七月擅自离开辽南战场，从辽东半岛乘船渡海到山东，袭杀赵君用为毛贵报仇。此后，这支队伍再没有回到辽阳行省，这对辽阳行省红巾军的实力是一个不小的削弱。

尽管红巾军主力有所削弱，元朝的

硝烟·大连战事

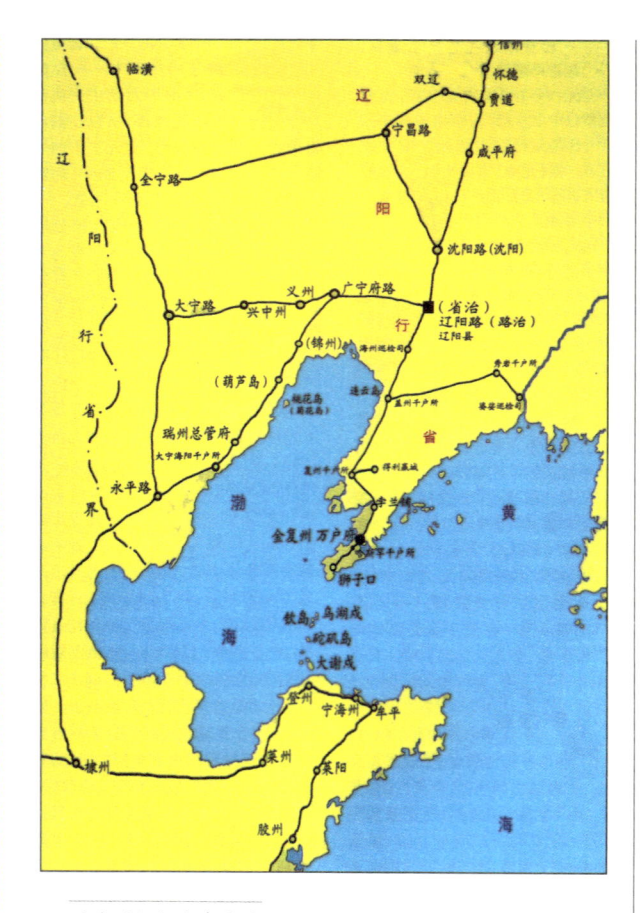

元代辽阳行省建置图

增援部队络绎前来，但红巾军在辽东腹地依旧控制着局势。进入辽东以后，红巾军在军事战略上有明显的改变，即放弃流动作战方式，以辽东为根据地与元军对抗，展开拉锯战。红巾军根据地的中心在辽阳以南的金州、复州、海州、盖州地区。1360年，元廷惊呼"金、复、海、盖、乾（乾州，今辽宁北镇东南）等贼并起"，势难扼制。

不过，由于倭寇的介入，红巾军曾暂时退出金州、复州。《元史》记载："倭人攻金复州，杀红军据其州者。"但是，辽南是辽东人口最稠密地区，也是财富最集中地区，况且和山东隔海相望，两地红巾军可以遥相呼应，红巾军的领袖关先生等人不会轻易把这块战略要地拱手让人。因此，不久之后，金州、复州地区就被红巾军收复。

▼ 五年苦战，遭围堵红巾军全军覆没

没有长远规划，各部自行其是，红巾军的短暂胜利更像是夕阳落山前的短暂辉煌。

战斗在辽西地区的红巾军，先后在大宁、兴中州、永平失利后，由程思忠率领的部分中路红巾军突围后退向瑞州（今辽宁绥中前卫）。为甩掉尾追而来的元军，这支红巾军也进入了辽东半岛的金复州地区。不久，这部分红巾军联合辽东腹地的义军曾再度西上，试图攻下兴中州，然后从海路攻打永平。元军急忙分兵防守，红巾军转攻大宁，但被元军大宁守将王聚击败。在辽阳行省西部，红巾军又开始处于不利态势。

红巾军为争取高句丽共同抗元，两次进军高句丽境

032

内，但事与愿违，以失败告终。沙刘儿、关先生等重要将领相继阵亡。损失近半、元气大伤的红巾军，在破头潘等人率领下退入辽东后，与元军的力量对比已经发生很大变化。元廷在辽阳行省集结部分兵力，特别是原辽阳行省的一些官员拥兵割据，结寨自保，虽然他们彼此间内讧不息，但在仇视红巾军这一点上却是一致的。因此，这时的红巾军就其实力而言，已无法与元军相抗衡。

元辽阳行省同知高家奴，拥兵屯聚于辽阳城东的平顶山至老鸦山之间。1362年四月，高家奴得知退回辽东的破头潘余部将经过该地，带兵在浑滩镇埋伏。红巾军4000多人被杀，破头潘也被俘。这时的红巾军余部已经无力与元军在辽阳行省周旋，全力西退，1363年三月，被元将孛罗贴木儿、忽林台所败，全军覆没。

自此，从1358年年末进入辽阳行省，在中国历史上留下浓墨重彩一笔的红巾军最多时兵力超过20万人，足迹更是遍及辽西、辽东、辽南，但是在苦战5年之后，依旧免不了失败的命运。

明军平乱登陆"旅顺口"

❧ 交战双方
明军　元朝残余势力

❧ 背景
原辽阳行省平章刘益归降明朝，引发元朝部分残余势力的不满，他们阴谋兵变试图夺回对金、复地区的控制权。而此类叛乱事件促使朱元璋发兵平定东北。

❧ 战况
明洪武四年（1371年）五月，元朝残余势力洪保保等人发动兵变，阴谋杀害刘益。刘益的旧部奋起反抗，平息叛乱，擒获部分叛军首领。洪保保逃往北方。同年七月，朱元璋派兵到辽东镇守。洪武五年（1372年）六月，明军基本平定东北地区。

胡慧雯

元末明初的大连地区正值多事之秋：残元势力盘踞辽南，不仅人多势众，而且活动十分频繁。由于大明王朝建立初始，羽翼未丰，对辽南也无暇顾及。朱元璋以招抚政策为主，试图借此策略统一东北。

▼ 元末明初，残元势力割据辽南

1368年，朱元璋在南京登基称帝，国号为明，并定年号为洪武。同年八月，明军杀入元大都（今北京）。就这样，统治了中国近一个世纪的元朝灭亡了。当时元朝的皇帝顺帝率部下逃亡到了塞外，在那里继续当他的皇帝，并且统治着蒙古高原及其以北地区——历史上称其为"北元"。

元朝灭亡，故臣遗老们各自拥兵割据，在当时的东北地区，有纳哈出、刘益、高家奴、奇赛因帖木儿、也先不花等势力。这些人彼此之间并没有什么统属关系，有时会互相攻击，争夺地盘。但是，这些遗老们还都怀着一颗"复国"的野心，一旦涉及抗拒明军，他们却能立场一致，出奇地团结，互相声援。

而此时，新皇帝朱元璋忙于统一内地，既要攻夺西北的陕西、山西、甘肃，又要和东南沿海的张士诚等割据势力斗争……一时无力远征东北。

这时，一个叫刘益的人乘机在得利赢城（今瓦房店市得利寺镇西北龙潭山城）驻守，并占据了包括大连地区在内的一大片区域。这个刘益，原来做过元朝辽阳行省平章。平章在元是个什么官呢？在元朝的地方上，设有若干个行中书省，而平章就是各个中书省的高级长官。

占据金、复地区之后，刘益开始征集粮草，充实军备。不过，除刘益之外，金、复地区还有一些势力：占据复州的王华剌不花、驻兵金州的叶挺秀等等。不过，他们势力较弱，都在刘益控制之下。

当时，受整个东北大局的影响，整个辽南地区正处于一片兵荒马乱之中。但是，由于金复地区不是争斗的主战场，在刘益坐镇之下，这里还算"闹中取静"。不过，平静的海面下往往会有暗流涌动——而这股暗流的源头，是一个叫洪保保的蒙古人，一匹典型的"白眼狼"。

▼ 明朝招抚，刘益投降惹兵变

洪保保之前担任过辽阳行省平章。单从官位上看，他和刘益属于平级。不过，元朝灭亡后，刘益占据的是金、复地区，而洪保保则抢了个好地方——辽阳。当时的辽阳是元朝在东北的政治、经济和文化中心，地位自然与其他地方不可同日而语，因此惹得不少残元势力都想将辽阳据为己有。可以想象，占据辽阳的洪保保每天是坐卧难安，提心吊胆。果然没多久，刘益联合坐镇老鸦山的高家奴和北元中书左丞相也先不花等人，合兵围攻辽阳。一场厮杀后，洪保保元气大伤，于是，他集合了旧部，投靠在刘益麾下。

刘益一时心软，收留了洪保保，结果为自己埋下了一颗定时炸弹。直到他死的时候才明白过来：自己引狼入室了。

再说初得天下的朱元璋忙于西北、东南地区的战事，实在分身乏术，再难以分出更多的兵力远征东北。苦思之下，他使出了招抚的策略——不战而屈人之兵！于是，朱元璋先派人到东北四处发谕告，试图劝服这些元朝残余势力归附。

刘益看了谕告，仔细思量一番，打算向大明投降，并将金、复地区献出。

1370年，明朝派使者黄俦到得利赢城和刘益和谈。第二年，刘益献出辽东州郡地图以及兵马钱粮册籍，投降了明朝。朱元璋收到消息后，非常高兴，于是下令在得利赢城设立辽东卫指挥使司，并任命刘益为辽东卫指挥使司指挥同知。

刘益受封后，表面上整个得利赢城一片欢腾景象，但暗地里不少人却心生不满。其中骚动最厉害的当属走投无路投归刘益麾下的洪保保。其实，他早就不甘心寄人篱下，夺城谋兵为己所有的念头也不是一天两天了。刘益投降时，他表面上不敢公然反对，私下却暗中串联勾结，伺机发动兵变。

▼ 兵变易主，得利赢城顷刻大乱

其实，刘益打算归顺明朝之前，曾征求过洪保保的意见。当时洪保保觉得归降明朝后，自己也能获得高官厚禄，便大力赞成。然而，事与愿违，这不禁让他妒火中烧。于是，洪保保四处挑拨，又和八丹、马彦翚、僧孺等人密谋，准备发动叛乱，取刘益而代之。

明洪武四年（1371年）五月的一个深夜，洪保保等人终于举兵叛乱。他们趁刘益不备，率叛军直接冲进刘府，将刘益杀害。消息传出，原本平静的得利赢城顷刻大乱。洪保保洋洋得意，不过，他还没来得及庆贺"胜利"，又一场更加激烈的战斗到来了——刘益的部下得知洪保保的行为后，非常愤慨，觉得洪保保恩将仇报，不讲义气，他们决定绝不投降洪保保，拼死反抗叛军。

随后，在右丞张良佐、左丞商嵩的率领下，这些将士们操起武器，奋起反抗，和叛军拼死打了起来。顿时，整个得利赢城喊杀声一片，四处刀光剑影。一番厮杀的结果是，张良佐等人越战越勇，叛军节节败退，很快溃不成军。

洪保保一看形势不妙，知道夺城的阴谋无法得逞，就趁乱挟持明朝使者黄俦做人质，骑马往城外狂奔，直接北上投靠盘踞在金山（今吉林一带）的纳哈出。就在洪保保逃亡的同时，得利赢城内，张良佐、商嵩指挥将士，将八丹、僧孺等叛军头目俘获，并杀死了另一个叛军头目马彦翚。

叛乱平息后，为了稳定局势，张良佐暂代辽东卫指挥同知之职，他先是派人将叛乱的情况报告给远在南京的明朝廷，随后又将擒获的八丹、僧孺等押解送往南京。

朱元璋得到消息后，下诏让之前同黄俦到辽东招抚的官员吴立继续留在得利嬴城，并任命吴立、张良佐和商暠同为辽东卫佥事（官名，一般都是副手）。

▼ 出兵辽东，明军在旅顺口登陆

洪保保在得利嬴城制造的叛乱，促使朱元璋下定了发动大军进攻东北的决心。此时，大连地区已经处于明朝的掌握之中，相当于辽东半岛的海上大门已经为明军大开。于是，朱元璋任命叶旺、马云两员大将同为定辽都卫指挥使，通过海路前往辽东镇守。

洪武四年七月，叶旺、马云率领10万大军浩浩荡荡从山东登州蓬莱启航，沿着"莱登海道"（即蓬莱至今旅顺）行进。一路上，明军可谓顺风顺水，一直抵达狮子口。登陆后，为了纪念10万大军顺利渡海，叶旺、马云便将狮子口改称为"旅顺口"，即取"旅途平顺"之寓意——"旅顺"之名就始于此。

明朝大军在旅顺口登陆后，仿佛天降神兵，所到之处所向披靡。之前散落在沿海的元朝小股残余势力和盘踞在金州、迟疑观望的前元将叶廷秀等，纷纷投降归顺。

接着，叶旺、马云又奉旨将定辽都卫的治所设置在金州，并让张良佐负

如今的旅顺口

责督修金州城。于是，金州城成为明军平定辽东乃至统一东北的基地。与此同时，粮饷等军需物资也源源不断地从海路运往旅顺口。本来士兵就气势很足，再加上有了充分的物资保障，明军在旅顺口登陆后的数月间，基本上平定了辽东半岛各地，随后又开始向北推进。1372年春，明军攻破高家奴固守的辽阳东部各山寨，又在浑河大破其残部，迫使高家奴归降；六月，连克辽阳以北的各个元朝残部。不到两年，明军基本平定了辽沈以南广大地区。

1373年，明太祖朱元璋下令将定辽都卫的治所从金州迁往辽阳，并将辽阳作为扫清元朝残余势力、统一东北的军政中心。而最先归明的辽东半岛南部今大连地区，则继续作为明朝军队和各种军需物资进入东北的南大门，同时，也是入辽明军进可攻、退可守的强固基地。

明军金州保卫战大捷

交战双方
明军　纳哈出军队

背景
明军收复辽东半岛后,盘踞东北的最大残元势力纳哈出却始终不肯投降,并连番挑衅发动战争,被视为"辽东边害"。而在屡次挑衅失利后,纳哈出决定长驱直入,率大军南下攻打金州、盖州,一场声势浩大的金州保卫战拉开序幕。

战况
明洪武八年(1375年)十一月,纳哈出率军直下盖州、金州。他先在金州城吃了大败仗铩羽而归,后在逃亡途中遭伏击。虽最终脱逃,但已元气大伤。此后,明军扫清纳哈出在辽东羽翼。至1387年,明王朝完成对东北的统一。

胡慧雯

明洪武四年（1371年）五月，位于东北边陲的重镇得利嬴城沉浸在一片宁静的夜色中。忽然，城内响起一连串纷乱的马蹄声，伴随而来的还有闪亮的火把和震天的喊杀声。城内的百姓从睡梦中惊醒，不知究竟发生了何事。骚乱持续了很久，最后，伴随着又一阵疾驰的马蹄声，得利嬴城的大门破天荒在夜间洞开，一路人马趁着夜色疾驰出城……直到天明人们才知道，得利嬴城发生了大事：残元势力洪保保发动兵变，阴谋杀害投降明朝的刘益。尽管刘益被杀，但洪保保等人的夺城阴谋却失败了，最终洪保保率部出城而逃。

狼子野心的洪保保出城后逃往北方，投靠了当时在东北地区最大的残元势力纳哈出。同时，也勾起了纳哈出南下侵扰明军的野心。

▼ 辽东边害，阻碍明统一东北

且不说得利嬴城兵变后，张良佐等人如何向明太祖汇报，如何稳定城内局势，单说逃跑的叛军首领洪保保。

自知摊上大事，所以，从逃跑的那一瞬间，洪保保的脚步就没停下来过。为了给自己求一道"保命符"，洪保保和亲信挟持了明朝特使黄俦。

洪保保等人一路马不停蹄地跑到了今天的吉林省境内。此时此刻，洪保保心里明白，天地虽大，却只有一个地方能容纳他：就是残元在东北的另一主要势力——纳哈出。纳哈出出身极为"尊贵"，先祖是蒙古国大汗成吉思汗时期以攻取金朝辽东、辽西等地之功受封"太师国王"的大将木华黎。而纳哈出本人也是极有势力的。元末时，他官封太平路（治所在今安徽当涂）万户——在元代，万户是三品以上的官职，而且是世袭的。原本这个人也颇得明太祖朱元璋的青睐：早年朱元璋攻打东北时，曾俘虏过纳哈出。但朱元璋十分看重他的身份，认为他是名将的后代，有意招抚，便命人将纳哈出放了。但纳哈出却并没有被朱元璋的"大恩大德"所感动，反倒时刻准备卷土重来。

纳哈出回到东北后，马上集结了周边的元残余势力，拥兵20余万。可以说，在明初，他算得上是东北元朝残余势力中最为强大的一支。以至于实力强大到后来，连北元皇帝都对其非常倚重。北元皇帝想利用纳哈出阻挠明统一东北，复辟元朝统治，于是，给他升官，加封为太尉，握有和丞相一样大的权力。

说起来，纳哈出还真是有个性，别看他对朱元璋伸过来的橄榄枝并不理睬，事实上，他对北元皇帝也未必完全忠心。

不过，当听到刘益归降明朝的消息后，纳哈出立刻调动人马蛰伏到了金山（今吉林双辽、长岭县及松江中游一带），积蓄力量以对抗明朝。恰逢此时，洪保保跑到金山来投奔他，纳哈出马上热情收留，而对被劫持而来的黄俦，纳哈出毫不犹豫地把他给杀了。

在金山待了一段日子，纳哈出不耐烦了，开始屡屡主动挑衅，攻击入辽的明军，被明军称为"辽东边害"。

洪武五年（1372年）六月，纳哈出带兵南下，没想到，半路被明将叶旺给拦住了。纳哈出心里不痛快，眼珠一转，计上心来：听说辽东明军喜欢向高句丽人买马，于是，他派人潜入了卖马的高句丽人队伍，暗暗摸清了明军的部署。同年十一月，纳哈出再次大举南犯。这一次，纳哈出赢了，不仅烧了明军10万余石的仓粮，还杀害了5000多名明朝士兵。

远在南京的朱元璋得到消息后，马上调拨了12万石粮食由海路运往辽东。获得足够的粮草补给后，明军指天发誓，一定要把纳哈出彻底打败！

▼ 烽烟再起，纳哈出攻打金、盖两州

果然，在接下来的几次战役中，纳哈出的军队都被明军打得狼狈不堪。最惨的一次，是洪武七年（1374年）的十一月，纳哈出被明将吴寿打得稀里哗啦。纵观当时的战场：寒日照耀下的大战之后的土地，显得愈发惨烈荒寂，地上到处都横着蒙古士兵的尸体，泥土被鲜血染成了褐红色，周围不时还有饥鸢飞过，发出凄厉的叫声……声音传到败北而逃的纳哈出耳朵里，格外刺耳。他回头看看跟在自己身后的士兵，不过只有一二百人，其余的，全部死在了战场。此次他能逃出，实属侥幸。

虽然屡战屡败，但纳哈出却丝毫没有收敛的意思，反倒更加嚣张。他知道，统辖旅顺口的金州是控扼海陆通道，是东北南疆的锁匙和明朝军队、军需物资入辽的大门，战略地位极其重要，要是不夺下这个地方，自己在东北的位子就坐不稳当。于是，纳哈出又作出了一个大胆的决定：拿下金州、盖州。洪武八年（1375年）十一月，他亲率大军狂奔2000余里直下

金州古城旧貌

明军金州保卫战大捷

041

盖州、金州。

明太祖朱元璋可是个聪明人。他通过对以往战事的观察发现，纳哈出每次南侵的时间大概都是在冬季。于是，他早早就提醒自己的手下大将叶旺："今年冬天格外冷，现在到处都已经结了冰。以纳哈出的性格，他最喜欢在这样的时间里闹腾点事。他要是真的再来，你们原地坚守就行，不用与他硬拼。必要时可以派些伏兵挡住他的退路，沿途袭击他……"于是，叶旺遵照朱元璋的嘱咐，任凭纳哈出大军一路南下，同时又命金州、盖州两地的部队要"严兵守城"，并在纳哈出大军的后路埋下重兵，掐断其退路。

再说纳哈出，他率大军南下，一路畅通无阻，简直如入无人之境。这下，纳哈出心中开始得意了，觉得明军是被他的军威震慑住了，不敢应战。结果，到了盖州城时，他突然沮丧地发现，自己的如意算盘打错了：盖州城守卫固若金汤，根本没有攻下来的可能。纳哈出想了想，决定暂时放弃盖州，转而攻打尚未完工的金州城。

▼ 金州保卫战，打跑入侵敌军

当时，在金州卫担任指挥的是韦富和王胜，他们正奉命督修金州城。金州城的工程量很大，需要用青砖逐段包砌土城墙的内外两面。结果，这包砖的工程还没完，纳哈出的大军就到了。

韦富马上下令：士兵分别把守各个城门。他和王胜率领将士在尚未修好的城墙上坚守——没修好的地方就先用树木做成栅栏挡着。

就这样，尽管纳哈出率大军日夜不停地猛攻，但是韦富和王胜硬是坚守了三个多月。纵观金州城内，不光是士兵，连老百姓也都动员起来，在城头煮沸臭汁浇泼在扶着梯子往城上攀爬的敌兵头上，搞得这些蒙古军连靠近城墙都非常困难。纳哈出被气得哇哇大叫。

这时，纳哈出部下最骁勇的一员战将乃刺吾，主动请缨，要求率数百名精骑兵到金州城下强攻。结果没想到，明军早就埋伏了弓弩手。乃刺吾被射中受伤，跌落马下，被明军活捉进城。

痛失爱将，纳哈出感到非常郁闷和沮丧，躲在营帐里发愁。而明军则士气高涨，韦富、王胜乘机率兵偷袭，把纳哈出的军队打得是丢盔卸甲，抱头鼠窜。纳哈出还没明白过来是怎么回事，就被手下人拖着开跑，一直跑出去很远才缓过劲儿来。纳哈出这才意识到，金州城难打！他分析形势后，担心明军的援兵赶来，自己更加无力招架，于是只好下令撤军。

而纳哈出的爱将乃刺吾，则被明军押解送往南京。朱元璋使出怀柔政策，不但不杀他，还给了非常优厚的待遇。朱元璋心里明白，这人留着，将来必能派上大用场。

金州古城遗址

▼ 盖州城大捷，明统一东北

纳哈出在金州城一战失败后，率领大军灰头土脸地往北撤。此时，他连原路返回的勇气都没有了，而是选择了沿盖州城南十里的一条河悄悄地逃亡。不过，这一切早在叶旺的预料之内。叶旺早早就在河的沿岸调集了大量伏兵。同时，还沿河用冰堆砌了一道十余里长的冰墙，冰墙附近还设置好了陷坑。明军悄悄埋伏在盖州城内，等着纳哈出自投罗网。

没多久，纳哈出的大军狼狈不堪地沿河而来。这些蒙头耷脑的蒙古兵一靠近，城内顿时响起了连天的喊杀声。同时，大大小小的石头像雨点一样从半空中落下。蒙古兵们一看都慌了，连忙顺着河向北跑。跑着跑着，看到一堵冰墙。蒙古兵们高兴了：贴着冰墙根儿走，不挨石头砸。结果呢，他们躲得了"天上"躲不了"地下"——很多人掉进了冰墙下事先挖好的陷阱里……可怜这些蒙古兵，被明军或活捉或砍死，还有的人干脆就直接冻死在了冰坑里。最后，只有纳哈出和几个亲信随从侥幸逃出了包围圈，逃回金山。

经此重创，纳哈出可谓元气大伤。等到了第二年，他想再次攻克金州、盖州以雪前耻之际，已经心有余而力不足了：刚到了三角山（今沈阳东南）就被明军打败，一直被追到鸭绿江边才算勉强逃脱。从此，纳哈出彻底绝了南下侵犯金州的念头。

金州保卫战胜利后，明军一方面

043

乘胜追击，扫清纳哈出在辽东的羽翼；另一方面，继续巩固辽东基地，不断增兵储粮。洪武二十年（1387年）正月，朱元璋命冯胜担任征虏大将军，统帅20万大军北征。这次出征中，还有一个人非常重要，就是之前被明军俘虏的乃剌吾。他的主要任务就是前往纳哈出大营劝降。不出朱元璋所料，此次明军征讨势如破竹，纳哈出的军队被打得四分五裂。再加上乃剌吾的苦心劝说，纳哈出也终于表示愿意归降。纳哈出一投降，其余的元朝贵族旧部也纷纷投降归顺。

朱元璋得知此消息后，大喜过望，马上下旨封赏明朝将士和归降的残元旧部，并加封纳哈出为海西侯——至此，大明王朝完成了对东北的统一。

望海埚抗倭大捷

❧ 交战双方
明军　倭寇

❧ 背景
明初，倭寇不断袭扰辽东半岛沿海地区，而辽东半岛南端的金州等地首当其冲。倭寇侵扰，使明朝的国防安全受到严重威胁，也给沿海人民的生命财产造成极大危害。

❧ 战况
明永乐十七年（1419年）六月，辽东总兵官刘江部署三路人马，在望海埚设伏，全歼倭寇1000余人，生擒100余人。此后百余年，倭寇不敢再犯辽东。

张洪骏

提起抗击倭寇，很多人第一个想起的就是民族英雄戚继光。其实，在明朝时的大连，也有一位抗倭英雄刘江，而他取得让辽东倭寇不敢来犯的一场大胜仗时，比戚继光扫平东南沿海倭寇之患还要早100多年。明初，倭寇不断袭扰中国东部沿海地区，杀人放火，抢劫财物，无恶不作，辽东海运因此一度中断。为防倭患，辽东总兵官刘江在大连地区沿海修建烽火台、城堡。永乐十七年（1419年）六月，刘江在望海埚全歼倭寇千余人，生擒百余人。

无论在古代中日关系史上，还是在大连战争史上，望海埚抗倭大捷都是一个大事件。望海埚大捷是明初对倭寇作战最大的一次胜利，在保卫祖国边疆、反对外来侵略的历史上，写下了光辉的一页。

▼ 倭寇无恶不作侵扰金州卫

公元13世纪至16世纪，正是日本南北朝封建诸侯混战时期，各封建诸侯为了掠夺财富，支持日本沿海地区一些失意的封建主，纠集武士、浪人、海盗、走私商人，携带武器，千百成群地到我国沿海各地进行不断侵扰。

我国古代称日本为"倭奴国"，所以这些海盗被沿海居民称为"倭寇"，他们的侵扰活动也被称为"倭患"，史称"倭乱"。

倭寇之患，几乎与明朝相伴始终。前期倭寇侵扰的主要目标，除了朝鲜半岛沿海地区，就是辽东半岛沿海地区，而辽东半岛南端的金州等地首当其冲。

倭寇袭扰劫掠金州等处沿海，仅《明史》《明实录》《倭变事略》诸书明确记载的事件，就有1387年、1393年、1394年、1395年等多起。1397年，辽东沿海海运甚至因"倭患"被隔绝。1411年，倭寇多次侵扰金州卫等地，焚烧民房，劫掠财物，杀掳人民，截断明朝海道。

倭寇来若奔狼，去若惊鸟，阻断辽东海运，威胁海疆安全。大连地区有"倭子上岸"这一民间俗语，形容一个或多个团伙突如其来、打斗哄抢的场面。"倭子"即指倭寇，"倭子上岸"一语正是源自倭寇上岸抢掠烧杀的史实，民间口口相传到今天已经600多年，足见倭患影响之远。

倭寇不断侵扰，使明朝的国防安全受到严重威胁，也给沿海人民的生命财产造成极大危害。明朝自开国之初，即采取严厉措施防倭剿倭。

明朝起初在今大连地区设立金复二州。1375年，撤金州，设金州卫，辖区大体为今大连市各区、长海县及普兰店市南部、庄河市部分沿海地区。1381年设立复州卫，辖区主要包括今瓦房店市绝大部分和普兰店市北部及庄河市部分地区。金州卫和复州卫统归辽东都司管辖。

明太祖洪武年间（1368年~1398年），辽东地方严格奉行皇帝的防倭禁海诏令，在金州、复州等地修城筑堡，增扩卫所，壮大防御力量。明成祖朱棣即位后，营建北京，明朝的政治中心北移，所以对辽东的防倭斗争更为重视。明成祖一方面着手与日本建立正常邦交，另一方面继续积极防御倭寇。辽东地方官将为此加固复州城，增修金州旅顺南、北城和复州永宁监城，并蓄养军马，屯田积谷，训练士卒。

▼ 望海埚筑成海防要塞

像花木兰一样，刘江也曾上演了一出"替父从军"的感人故事。

明成祖永乐九年（1411年）三月，中军都督刘江出任辽东总兵官，负责辽东防务。刘江是江苏宿迁县人，本名刘荣，刘江是他父亲的名字。刘江是顶替父名从军，转战南北，屡立战功，由总旗逐渐升职为左都督、辽东总兵官。

刘江从镇守辽东开始，就乘船巡察金州、复州等处沿海，令辽东都司金州卫指挥使徐刚，于1412年以砖石重筑旅顺北城，并筑成旅顺南城。1415年夏，刘江又令辽东都司都指挥同知胡俊在沿边地带增筑烟墩城堡，并储备足够五个月用的粮草。

1416年十二月，刘江在望海埚、左眼、右眼、西沙洲、三手山、山头等地修筑了7座烽火台。此后，又继续在辽东沿海修筑了一些烽火台，派兵驻守瞭望，以防范倭寇入侵。现在，金州北二十里堡烽火台、普兰店赞子河乡的永安烽火台、大石桥附近太平山烽火台，还存有遗迹。

为了迅速传递军事情报、畅通军令指挥线路和运输军需物资，在辽东广设驿站，今大连地区即设立旅顺驿、木场驿、金州在城驿、石河驿、复州驿、五十里寨驿等。每个驿站均设置驿递百户一人，负责飞报军务、运输物流等事务。

1418年八月，刘江到金州卫巡视，在金州城东北70华里处（今亮甲店附近），看到一个临海山冈，小黑山屹立其背后，大和尚山雄踞其西南，东距登沙河河口仅5公里。登上山冈，沿海诸岛尽收眼底。这个山冈就是望海埚。

早在洪武初年，军官耿忠认为这里可设城堡，作

明代铁炮

为金州东部防倭基地，于是奏请朝廷并得到批准，随后在金顶山上破土动工，筑成了一座土石结构的瓮形城堡，因为此堡可以远望大海以观察敌情，故取名"望海埚"。

刘江见此地地势险要，又听当地的百姓说，倭寇入侵都会经过此地，而且这里早已有都督耿忠所建的土堡，正好可以驻军防御。刘江察看地形后就上书朝廷，请求修筑一座石城，并设置烽火台、瞭望哨。朝廷同意了刘江的意见，于是望海埚成了一座有明军把守、易守难攻的海防要塞。刘江亲率官兵日夜操练备战，严阵以待。

▼ 刘江部署三路兵马伏击倭寇

如果进攻的路线上突然出现一座坚固的城堡，一场偷袭变成了强攻，这仗，还打得赢吗？

而这种情况，就是侵犯金州的倭寇将要面对的。

永乐十七年四月十二日，朝廷通报刘江：据朝鲜报告，倭寇饥困已极，可能前来劫掠，当令沿海诸卫所严谨防备，如果有可能的话，就全力围剿，以解决倭寇之患。刘江得悉通报后，马上进行周密的备战部署，并在所构筑的城堡内增配铳炮，提高守备部队的战斗力。

六月十四日傍晚，望海埚负责瞭望的士兵突然发现，在望海埚东南方向的王家岛（今属长海县）一带海面有火光，并向马雄岛（今马坨子岛）方向移动，便马上向上级飞报。

刘江接到报告后，判断倭寇将要来犯，急忙率领骑兵和步兵赶赴望海埚。刘江亲自登高远眺，只见东南方向的海面上火光连成长串，如同巨蟒蜿蜒而来。刘江断定这一定是倭寇的船队，当即下令：指挥徐刚率步兵埋伏在山下，准备围歼倭寇；指挥钱真率骑兵摘除鸾铃，绕到倭寇背后藏在树林里，准备截断倭寇的退路；百户姜隆带领从民众中挑选的壮士绕过海口潜入海湾，准备焚烧倭寇的船只。

刘江对几位带兵的首领说："看到我的大旗竖起，伏兵才能攻击。听到炮响，大家奋勇杀敌。谁如果临阵退缩，军法从事！"率领步兵、骑兵、民壮的三路统帅领命而去。

第二天清晨，1000多名倭寇，分乘31艘兵船，从马雄岛出发到登沙河海口登岸。倭寇头目率领部众，鱼贯而行，直扑望海埚城。但是当倭寇冲入堡中时，发现空无一人。倭寇知道中计了，正想退出城堡，就在这时，望海埚后方竖起大旗，刘江现出身形，他披头散发，穿着道袍，手持宝剑指挥明军攻击倭寇。接着大炮轰鸣，埋伏的明军从两翼包抄，奋勇冲杀，杀得倭寇鬼哭狼嚎，尸横遍地。

这一仗从早晨一直打到傍晚，激战约10个小时，明军大败倭寇。

战后有人问刘江："将军知道敌人

来了，为什么一点都不紧张，只是让士兵和战马吃好休息好？在战场上，为什么不穿铠甲而是穿着道袍？"

刘江说："敌人远道而来，一定又累又饿。我们以逸待劳，士兵吃得饱、休息得好，他们怎么会是对手？贼人进攻我们的时候，鱼贯而来，排成一条长蛇阵，来势汹汹。敌人愚昧，相信鬼神，我披发仗剑，就是要镇服他们，从气势上压倒他们，让他们心存忌惮，挫败他们的锐气。"

▼ 空堡设计全歼倭寇

这一场战斗必胜无疑，但是想要取得最大战果，还得好好谋划。

倭寇的残兵败将走投无路，惶惶如丧家之犬，逃进望海埚山下的樱桃园（今柳树园村）空堡中。明军和民众奋起追击，要冲进空堡剿灭剩余的倭寇。刘江不许，命令军民包围空堡东、南、北三面，特意留出西口不围。

残余的倭寇发现明军网开一面，果然从西边出堡争相逃命，结果埋伏的明军一拥而上，倭寇几乎全被消灭。这一战，共杀死倭寇1000多人，生擒100多人。有个别漏网之鱼逃到海边，想要乘船逃奔海上，怎奈船只已被姜隆带领的民壮烧光，结果全部被歼，无一逃脱。

当骑兵、步兵和民壮三路兵马凯旋班师，回到驻地后，将士们向刘江请教："贼人逃进樱桃园空堡后，将军不让我们把他们围杀在空堡中，而是放任敌人逃出去，那是为什么？"

刘江说："敌人进入樱桃园空堡后，已经注定他们灭亡的下场。我们四面围攻，自然可以消灭敌人，但敌人知道自己陷入绝境一定会破釜沉舟，我们恐怕也会有不小的损失。我留出西面的出口，敌人知道有生路可逃，就不会拼命抵抗，而我们追歼逃兵就容易

望海埚大捷示意图

多了。这就是兵法上所说的围师必阙（'阙'通'缺'）。"

众人听了之后恍然大悟，对刘江非常佩服。

望海埚抗倭捷报迅速传到京师，举朝欢腾。明成祖大悦，宣召刘江入朝。朝廷奖赏了294名作战有功的将士，刘江因功被赦免欺君之罪，恢复原名刘荣，并进爵广宁伯。刘荣去世后，明成祖追赠他为广宁侯，赐给"忠武"谥号。

后人为了纪念抗倭英雄刘江，于1506年在望海埚附近的金顶山上为其建庙，取名刘江祠。刘江祠又名得胜庙、真武庙，曾数度被毁，2001年重新修葺，威武的刘江塑像供奉在庙里供人祭拜。

毛文龙抗金八年终被杀

刘爽

✥ 交战双方
明军　后金军

✥ 背景
万历四十四年（1616年），努尔哈赤称汗建国，此后，辽东形势日益严峻。旅顺、金州作为战略要地，明军和后金军在此展开了长达数年的争夺拉锯战。

✥ 战况
明天启元年（1621年），明朝将领毛文龙率军反攻后金军，在东江地区牵制后金，持续8年。明崇祯二年（1629年），毛文龙被杀，明军东江防线终被打破。

一个王朝的衰落，往往意味着战争；一个动荡的年代，总会有英雄崛起。

明末，就是这样一个特殊时期：朝廷腐败，党争不断，军队瘫痪。努尔哈赤看准时机，统一女真各部落，成为女真的英雄，后金的大汗，一个王朝的开创者。

然而，努尔哈赤想要取代明朝一统天下，并非易事。其中一个拦路虎便是曾被努尔哈赤轻视的人——毛文龙。当初毛文龙以皮岛为根据地时，的确不足为虑，但谁也没想到他竟然三番五次到陆地上偷袭后金军，努尔哈赤却拿他没办法。要是派兵驻守，毛文龙就按兵不动；要是引敌入瓮，还没有合适策略，明知道毛文龙就在皮岛，却苦于没有海军，无法攻打。就这样一直拖着。

要说明朝气数已尽，那也是没办法的事。后来的历史告诉我们，毛文龙牵制后金的作用不可小觑，却被袁崇焕设计杀害。毛文龙死后，毛家军内讧不断，明军的东江防线终被打破。

▼ 后金征战辽东，大连兵荒马乱

明万历四十四年（1616年），努尔哈赤在赫图阿拉（今辽宁新宾境内）建立政权，国号称"金"，史称"后金"，年号"天命"。

此后，明朝真正多了一个劲敌——努尔哈赤和他的子孙们。

自古以来，两国相争，师出无名者必会在战略上失掉先机。努尔哈赤是个聪明人，他很清楚这一点。因此，他在万历四十六年（1618年）对诸王秘密宣布："我的心意已定，今年一定要征战辽东。"并以祭天誓师的方式提出了"七大恨"。所谓"七大恨"，就是后金进攻明朝的七个理由。努尔哈赤罗列了许多爱新觉罗家族及女真部落所受的欺凌和压迫之事，将明朝斥之为不仁不义。有了这个借词，努尔哈赤攻打明朝就成了名正言顺的事情。

同年四月，努尔哈赤趁明神宗不理朝政，明军边备废弛、兵马羸弱的时机，亲自率领步骑兵征讨明军。明军不堪一击，节节溃败，后金军很快就占领了抚顺，攻破了抚安、鸦鹘关、清河等处。第二年，明朝大军与后金八旗军在辽东发生了一场大规模的战役——萨尔浒战役，最终以明军大败而告终。此战后，明朝在辽东的军事部署由进攻转入防御，辽东地区陷入数十年的争战之中。

事实上，当时明军的武器装备比后金军强多了，有后金军没有的大炮、鸟铳等火器，怎会败得一塌糊涂？这就要从双方士兵的士气谈起。明军腐败成性，无心恋战，战斗力不强。反观后金军，怀着"反欺凌、反压迫"的心情战斗，自然奋勇向前、全力以赴了。此外，明军指挥失误，而后金军指挥得当，也是关键所在。

明天启元年（1621年）三月，辽东战局急剧恶化，后金军相继占领了沈阳、辽阳，辽河以东等地大小70多城不战而降。同年五月，后金军又攻占辽南的海、盖、复、金四州卫，辽南地区从此进入数十年兵荒马乱的时期。为了躲避战乱，当地居民部分由海路逃至山东或金州卫所管辖的长山、广鹿诸岛，金州卫、复州卫人口锐减。

▼ "毛家军"收复辽东数百里

后金军能否就此长驱直入辽西地区？一个人的出现，给后金军带来不小的麻烦，这个人便是毛文龙。毛文龙生于万历四年（1576年），出身贫民，年轻时走南闯北，做过算命先生，精通兵法理论，为人有机谋且不乏胆略。

毛文龙入军时任职辽东巡抚王化贞麾下。毛文龙的舅舅是王巡抚的好友，也就是说，毛文龙其实是个关系户。再加上毛文龙没打过仗，所以军队里很多人都瞧不起他。

直到天启元年三月，明军溃败，军民纷纷逃至辽南沿海和中朝边界的岛屿上，王巡抚便派手下将领毛文龙前往河东等处召集遗民，打算组织失散军民反攻后金军，恢复疆土。毛文龙领命后，即刻率领约200名军丁乘船从三岔河口出海，沿辽东半岛西海岸南行。途中，他还写信招抚盖州、复州、金州各卫汉人打游击战。随后，毛文龙从猪岛登岸，穿过金州地峡前往广鹿岛（今属长海县）。七月初九，占领了大小长山岛。

毛文龙沿途不断收编沿海和岛屿上的明军和百姓，补充兵员，使"毛家军"由少到多，不断壮大。七月间，毛文龙通过侦察得知镇江城中空虚，随后与部将商量，以镇江中军陈良策为内应，率领220余人夜袭镇江，打得对手措手不及，终将叛将佟养真父子擒获。随后，"毛家军"一举收复了辽东半岛数百里。明朝廷得到这个消息，高兴极了，为了鼓励毛文龙，授予他辽东总兵官职。

努尔哈赤丢了大片地盘，大为恼火。为了挽回颜面，后金军派出大队兵力，又将镇江城夺回，毛文龙无奈只能率部撤往鸭绿江口近海的皮岛。皮岛也称东江，又名椵岛，其地理位置介于辽东、朝鲜、山东登莱之间，战略价值很大。毛文龙把大本营设在皮岛上，以皮岛为指挥中心，连缀成了一道海上防线。虽然远离中原，但是离朝鲜很近，船、粮等物资都能从朝鲜取得，也避免了物资匮乏的窘境。

▼ 明军设计巧夺金州城

毛文龙退守皮岛后，努尔哈赤并没有把他当回事。可不久之后，毛文龙就用实际行动，让努尔哈赤感到了痛苦。辽东沿海岛屿上的明军在总兵毛文龙的指挥下，不时骚扰后金，成为后金进军辽西的后顾之忧。

为了牵制后金军对辽西的进犯，毛文龙决计夺取金州要地。明天启二年（1622年），毛文龙与部下商议："辽东最重要的地理位置非金州莫属，如果能攻下此城，陆路上可以阻止建州的骑兵来袭，水路上也可以往登州运送粮草。"

事不宜迟，毛文龙即刻率部将张盘等攻打金州。为了迷惑后金军，毛文龙先派遣小股兵力袭扰东堡、长甸、会安堡、白羊口等地，他们采用的方式是天天放炮，以造声势，目的就是转移后金的注意力。与此同时，命守备张盘、程鸿鸣等率主力自麻羊岛向金州进发。七月初三夜，金州城沉寂在一片宁静的夜色中。张盘等率军抵金州城南门，命部下手举火把，大声呼喊，频频放炮，震慑敌人。

毛文龙这招"声东击西"的战略十分成功，当后金军把军队调往被明军袭扰的地方时，金州城内守城后金军仅剩500多人。再加上张盘"虚张声势"的策略，使得后金军搞不清状况，在昏暗的夜色中，根本无法明确判断明军到底来了多少人，于是惊慌失措地从北门逃走了。明军兵不血刃占领了金州城，还缴获后金大量兵器。

次年四月，约1万名后金骑兵攻打旅顺，被毛文龙部下张盘击败。随后，后金派使者前来劝降，张盘非常生气，一怒之下把来使斩了，并设伏再次打败后金军。此战后，明朝廷授毛文龙为左都督，赐尚方剑。

▼ 坚守防线牵制后金八年

在金州等地吃了败仗的后金军当然不甘心，于是重整军队，集结兵力大举进犯，又将金州、复州等地夺回，张盘寡不敌众，只能率部退守旅顺。

明天启五年（1625年），努尔哈赤侦察得知，明朝准备派1万兵力驻守旅顺，他觉得这是个不小的威胁，于是在这一年的五月十四日，命令三贝勒率6000骑兵攻打旅顺。恰巧，当时部分明军离开旅顺到南关岭修筑关口，旅顺城内兵力空虚，再加上这次后金军对旅顺的突袭来势凶猛，明军猝不及防，经过激烈战斗，终因寡不敌众，没过多久城墙就被攻破，明军守将张盘、朱国昌皆战死。奇怪的是，后金军并没有在此地驻军，而是把旅顺城拆毁了。

随后几年，毛文龙时时袭扰金州等地，虽然经常得而复失，胜少败多，但是对后金军起到一定的牵制作用。可以说，有毛文龙在，后金就不得不随时提防他的偷袭，不知道什么时候、什么地方就有毛文龙的军队钻出来，给后金军来一下子。后金军明知道毛文龙就在皮岛上，却看得见、摸不着，拿他没有办法，因为一到海上，后金的骑兵优势就半点发挥不出来，攻打毛文龙只能是自找麻烦。

据史料记载，当年，明朝把毛文龙活动的长行岛（今瓦房店长兴岛）、麻羊岛（今金州区蚂蚁岛）、金州、复州、盖州、海州、旅顺和三山岛、广鹿岛、长山岛、石城岛等诸岛屿及镇江（九连城）一带统称为东江防线。毛文龙坚守东江防线，以辽东沿海诸岛为根据地，牵制后金8年。

▼ 袁崇焕设局杀掉毛文龙

毛文龙牵制后金功不可没，但也有边镇诸将的通病，引起朝臣议论纷纷，说他拥兵跋扈、不受节制、虚报战功、虚冒军饷。据说他还曾结交过魏忠贤等专权太监，更加招人嫉恨了。

袁崇焕早就对毛文龙心怀不满，决定设局杀掉毛文龙。崇祯二年（1629年）六月初五，袁崇焕以阅兵犒师之名，召集毛文龙及其部下，一一慰问。袁崇焕逐个询问其姓名，没想到许多人都说自己姓毛，此时毛文龙解释说"他们多是在下的儿孙"，这更是犯了袁崇焕的大忌。

随后，袁崇焕暗地里叫属下把毛文龙和随行兵分开，命令部下擒拿毛文龙，剥去冠裳。毛文龙以为是皇上要杀他，便叩首乞求免罪，但是袁崇焕不为所动，并说"如果不杀你，东江地区迟早会脱离朝廷，落入你手中"。随后，袁崇焕当众历数了毛文龙十二条罪状，然后取出尚方宝剑将毛文龙斩了。

事后，为了笼络和稳定毛文龙的旧部，袁崇焕为毛文龙举行了祭礼，并宣布毛文龙部下照旧供职，各复原职。改编东江军队，分为四协，分别由毛文龙之子毛承禄、旗鼓中军徐敷奏、游击刘兴祚、副将刘继盛统辖。最后将随身带着的10万两白银全部发放。

毛文龙就这么死了，似乎什么都没有改变。然而，后来的历史告诉我们，毛文龙的死对明朝来说是很大的损失。毛文龙死后，毛家军内部矛盾日益激化，呈现出内乱不止、分崩离析的危局，先有刘兴治与耿仲裕在皮岛作乱，之后又有孔有德和耿仲明在山东登州作乱，明军的辽东沿海防线就此摧毁。

毛文龙碑亭

明军失旅顺 黄龙自刎

☙交战双方
明军　后金军

☙背景
明天启五年（1625年），努尔哈赤曾攻陷旅顺，后因兵力不足将旅顺城毁掉后弃城而走。皇太极继位后，深知旅顺的重要性，便把攻占旅顺、皮岛提上日程。

☙战况
明崇祯六年（1633年）六月，皇太极派兵进取旅顺。明军大败，总兵黄龙知道无法突围后自刎而死。随后，后金便派重兵镇守旅顺。旅顺失守，为皇太极日后攻下东江诸岛奠定了基础。

刘爽

明崇祯二年（1629年），毛文龙被杀后，毛家军群龙无首，派系林立，各自为战，先后在皮岛、登州等地兴兵作乱，十分狂妄。时任辽东总兵的黄龙率部一次又一次地击溃作乱的毛家军，平息叛乱。

然而，随着孔有德投靠后金，旅顺城陷入岌岌可危的境地。崇祯六年（1633年），皇太极整顿军队，加快南下的脚步，在孔有德的协助下，如猛虎一般扑向旅顺城。驻守旅顺的明军在黄龙的带领下，虽然孤立无援，但奋勇抵抗，毫不退缩，怎奈后金人多势众，最终败下阵来。

后金拿下旅顺后，就如同在山东半岛与皮岛之间插入了一把钢刀，完全阻断了它们之间的往来。既在地理上获得了旅顺，也在心理上获得了战略优势。此时皮岛上的军民人人自危，心理上已经开始惧怕后金的铁蹄。旅顺的攻占，给了皇太极更大的野心。一个旅顺怎能满足他呢？他的剑锋指向了皮岛。

▼ 黄龙平定明军内讧

毛文龙被袁崇焕杀掉后，"毛家军"很多将士为其鸣不平，认为这么多年坚守东江防线，没有功劳也有苦劳，怎么能说杀就杀呢？再加上毛文龙的继任者能力差点，没控制好局面，导致"毛家军"内讧四起。

最先作乱的是刘兴治。刘兴治是明游击刘兴祚的弟弟，毛文龙死后，刘兴祚被委以统帅皮岛的西协军。不料，崇祯三年（1630年）正月，他在与后金军作战中战死沙场，死在了两灰口。随后，刘兴治顶替哥哥的职位，但却与代理总兵陈继盛不和，再加上朝廷不抚恤其兄，令其极为不满，于是萌生了叛乱的想法。

有想法，就会有行动。同年四月，刘兴治以为兄治丧为名，乘机将出席祭祀典礼的皮岛总兵陈继盛、调兵王远、督粮经历刘应鹤等11人杀死，并将驻扎在长山岛的哥哥刘兴沛迎来皮岛，兴兵作乱。这时，黄龙临危受命，被推荐为皮岛总兵，前来处理东江之乱。

黄龙被推荐是有原因的，除了其武勇多智，能征善战之外，就是他没有复杂的政治背景，而是纯粹靠战功起家。崇祯三年，黄龙在带领明军攻打滦州城的战役中，作战顽强，指挥得当，取得了明军对抗后金军历史上最漂亮的一场胜仗，因此受到皇帝与朝廷要员们的欣赏，官升三级，升为副总兵。这一次，黄龙果然没有辜负朝廷的重托，没用多长时间就平息了这场叛乱。

黄龙到皮岛赴任不久，另一场兵变悄然发生，时任都司的耿仲裕也酝酿举兵造反。都司在明朝的军队中类似于部队参谋长。崇祯四年（1631年）十月，耿仲裕以"要求涨工资"为名，包围了总兵衙门，将总兵黄龙押至演武场进行殴打施虐。由于黄龙不肯屈服于叛军，被残忍地割掉了耳朵和鼻子。这一消息传出后，东江兵的很多将领看不过去了，纷纷出手相救，黄龙才幸免于难。不久后，黄龙平息了这场兵变，处死了起事的耿仲裕。

▼ 孔有德兴兵造反

孔有德兵变，多少有点"被逼迫"的感觉。事情还要从皮岛刘兴治兴兵作乱开始说起。

崇祯四年，皮岛刘兴治又兴兵作乱，登州巡抚孙元化命参将孔有德率3000人从海路赴皮岛平叛，因遭遇飓风，不仅没能抵达皮岛，还损失不小，被迫返回邹平。随后，孙元化又让孔有德率部火速由陆路奔赴辽东前线，这引起了该部不满。

且不说之前损失惨重，光是重武器全靠人畜运送，就得至少走一个多月。不出所料，一个多月后的闰十一月，孔有德的援兵队伍才走到了山东与河北交界的吴桥，这还仅仅是骑兵和步兵部队，重炮还在后面数十里的新城。

这么庞大的军队，无论走到哪儿，吃饭都是头等大事。由于自然灾害，吴桥县早已赤地千里，根本没有多余的粮食供给明军。再加上明军尤其是辽东兵军纪涣散，作风野蛮，老百姓人人都害怕，白天连商铺都关门了。无奈，孔有德军队开始自筹粮草，他们像土匪一般闯入普通百姓家，抢夺食物。

辽东兵抢到了当地望族王象春的家奴家，王象春不依不饶，非让孔有德将

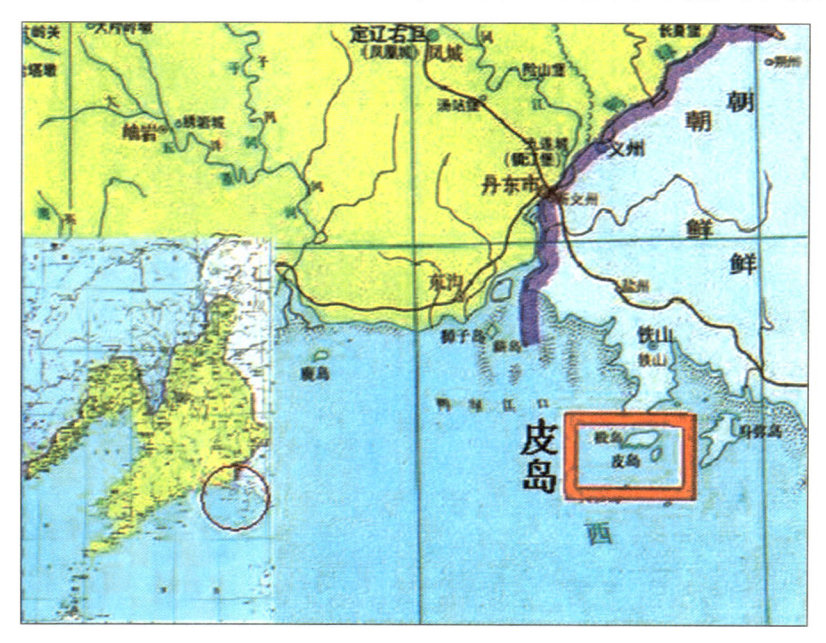

明末皮岛位置示意图

肇事士兵穿箭游营，这是一种仅次于斩首示众的军法。士兵们感觉受到了莫大的侮辱。此外，孔有德、李九成平时对明政府轻视他们就很不满意，于是乘机发难，兴兵造反。

很快，孔有德连续攻陷了临邑、商河等地。对于孔有德叛乱应当如何处置，山东巡抚余大成与登莱巡抚孙元化意见不一。余大成主张剿除，而孙元化则认为对付后金军还需要孔有德、耿仲明等辽东籍将领的协助，且孔有德等人隶属其指挥，因而极力主张招抚他们。

第二年元月，孔有德率部下向东围困登州，登州告急，而在此防守的孙元化相信自己有能力招抚孔有德，于是与耿仲明定计招抚，没想到耿仲明早已与孔有德约定共同造反，趁夜深人静之时，里应外合，将孙元化活捉。

此后，明朝廷还是以招抚孔有德为主，但多次招抚无用后，遂急令各路援军向孔有德进军。孔有德见形势不妙，撤回登州城，明军乘胜追击，叛军主要将领李九成被明军炮火击毙。孔有德见登州难保，率叛军近万人突围，弃城登船而逃。

▼ 黄龙海上截击孔有德

知孔有德者，莫过于黄龙。

驻守在旅顺、长山、鹿岛的明军总兵黄龙，预计孔有德兵败后必经旅顺投奔后金，早已准备好在海上截击。

崇祯六年二月，双方在旅顺海面展开了激战，孔军遭受重创，损失4000多人，李九成之子李应元被杀，毛承禄、陈光福、毛友贤、杨世魁、乔可城、孙卫祖等20多名将领被擒。

而孔有德和耿仲明却拼死杀出一条血路，保住了性命，退守双岛（位于大连金州海域）。岛上食物匮乏，并非久留之地，怎么才能找到容身之所呢？孔有德眼珠一转，想到了后金。同年四月，孔有德、耿仲明派游击张文焕、都司杨谨、千总李政明等人从双岛驶至盖州，向后金守将石延柱接洽投降。皇太极对此极其重视，派范文程精心安排策划，与孔有德约定从镇江登陆后会合。

孔有德投降之路并非一帆风顺，其间遭遇了很大的阻击，在付出了重大代价后，孔有德率部辗转到鸭绿江口，皇太极派贝勒济尔哈朗、阿济格等率兵接应，从镇江登岸，抵达沈阳。当时，孔有德不仅带来了万余名兵丁，还有100多艘船以及大量武器，这无疑壮大了皇太极的军事力量。

为表诚意，皇太极设宴相迎，赐蟒袍、貂裘等，封孔有德为都元帅，耿仲明为总兵官。孔有德十分感激，决定做点什么以表归顺之心。此时，皇太极的智囊团出言献策，提出应攻打旅顺。皇太极经认真思考，采纳了这个建议。

不久，孔有德等人侦察得知，黄龙将水师全部发往鸭绿江剿"贼"，旅顺城空虚。这千载难逢的机会皇太极怎能错过，他当即决定发兵攻打旅顺。

▼黄龙战败自刎，后金占领旅顺

崇祯六年六月十九日，皇太极派兵部贝勒岳托、户部贝勒德格类率骑步兵万余人，在孔、耿的引导下进取旅顺。孔有德对黄龙恨之入骨，为报海上截杀之仇，在攻打旅顺的战斗中作为先锋，奋勇当先。

七月一日，后金前哨500多名骑兵先到旅顺河北，占据黄金山等山头，并架设火炮，轰击旅顺的外围城墙，一连轰击了3天。四日晚，后金军将5门西洋大炮及无数战车、云车推到城下，全面攻城。后金军架起云梯争先而上，守城明军则投掷火罐、射出矢石对付攻到城下的后金军，用枪刺杀尚未登上城头的后金军，用西洋大炮轰击远距离的后金军，枪炮声、呼喊声震耳欲聋。后金军轮番昼夜攻打，双方连续激战了两天两夜。

七月六日，黄龙一共组织明军进行了3次出城反击，但每次都被后金军逼回城内。此时，明军火药矢石都快用完了，形势万分危急。黄龙对部将谭应华说："敌众我寡，这两天肯定能破城，你拿着我的官印速速赶往登州，如果不能到，就把它投到海里，千万不能落入后金手中。"谭应华接到命令，立即赶往登州，黄龙则继续指挥明军力战。

第二天夜里，后金军死命攻城，明军拼死守御。后半夜2时左右，后金军偷偷用木筏漕船在旅顺河北渡海，到蔡家口等处时，不料被明哨兵发现，黄龙立即拨兵迎战。但为时已晚，后金军已先登岸。此时，另一支后金军从城东北角杀进城内。明军同后金军在城里展开巷战。只有200余副盔甲的明军无法抵挡后金军的进攻，黄龙及部将李惟鸾等被后金军团团围在中间。黄龙自刎而死，李惟鸾、樊化龙、张大禄、尚可义诸将相继战死。

旅顺战役，后金军也付出了惨重的代价，损失了4000多人。七日晨战斗结束，后金终于夺取了旅顺要塞，并派军队在此驻守。至此，山东半岛和皮岛之间的联系被切断了，皮岛上的军民人心惶惶。

清军攻陷明辽东海防

❧ 交战双方
明军　清军

❧ 背景
皮岛是一个战略要地，因明辽东总兵毛文龙曾驻扎在此，召集辽东逃亡军民，建塞设防，使皇太极经常感受到威胁。尚可喜投靠后金，广鹿岛及周边诸岛都归后金管辖，再加上朝鲜向清称臣，皮岛处于孤立无援之地。

❧ 战况
清崇德二年（1637年）二月，皇太极派兵攻打皮岛，皮岛守将沈世魁虽顽强抵抗，但仍没有逃脱被杀的命运。皮岛及周边诸岛尽归清朝所管。至此，明朝辽东海上防线彻底告终。

刘爽

明末辽东地区战火连连，沿海重镇旅顺失守后，败下阵来的明军残余不得不放弃旅顺，逃亡到附近海域的岛屿上。很多时候，外敌不可怕，内讧最难搞，明军将领便犯了此大忌。时任皮岛总兵的沈世魁看不惯尚可喜，设计陷害，尚可喜一怒之下，逼不得已投降了后金。

崇德元年（1636年），皇太极建国称帝，改国号为清，改女真为满洲。尚可喜为了报仇，也为了体现出自己的价值，获取皇太极的重视，引领清军大举进攻沈世魁驻守的皮岛。沈世魁虽然奋勇杀敌，拼死抵抗，但终没有逃脱失败的命运，清军占领皮岛。明朝苦心经营了十余载的辽东沿海防线在清军的猛烈进攻下，很快就土崩瓦解。这一切，都在为清军完全将明军逐出辽西做着铺垫。

▼ 遭受战乱，父子参军

沿海重镇旅顺失守后，明军只能退守广鹿岛及周边岛屿，继续坚守东江防线。时任广鹿岛的统领是大名鼎鼎的尚可喜，之所以说他大名鼎鼎，并非仅仅因为他是明军中的重要将领，同时因为他投清叛明后，平定江南，为大清入主中原、一统天下，立下了汗马功劳。

尚可喜是辽东海城人，其身世极为曲折。明天启元年（1621年）二月，尚可喜便随父亲尚学礼搬到了辽西居住，母亲与家人则留在河东（辽河以东）。不久，后金发动"辽沈之役"，他家因遭受战乱，有的亲人被后金军掳走，生死未卜，有的亲人也失散了。听到这个消息，尚可喜痛不欲生。

尚可喜怀着对后金军的痛恨，跟随父亲尚学礼来到辽西。当时，后金军大举进犯，搞得生灵涂炭、民不聊生。为了解决温饱问题，其父选择从军，投靠了毛文龙，成为他手下的一员猛将，由于屡获战功，十分受器重，并随毛文龙驻守江东防线。

其父从军后，最初尚可喜一人独居辽西，自谋温饱。后来努尔哈赤发动了广宁战役，明军溃败，辽西大批军民蜂拥入关。尚可喜心想，自己的亲人是否也进入了关呢？于是，他决定入关谋生，抱着试试看的心态寻找亲人。

然而天不遂人愿，守关士兵不让他入关，无奈又回到了原处。这时尚可喜发现，辽西已经一片荒凉，百里之内不见人烟，他的吃穿住都成了问题，于是他也走上了父亲的道路——从军。这一年是天启三年（1623年）。至于选择什么兵种，他没什么明确的目标，只要能混口饭吃就行，他最终选择加入明水师。

进入水师后，尚可喜想起了父亲，自从父亲从军后，音信全无，于是他一边打仗，一边暗中留心打听父亲的下落。不久，尚可喜得知父亲在毛文龙麾下当兵，便离开水师去寻父，最终在皮岛见到了阔别已久的父亲。父子相见，抱头痛哭。

　　尚可喜见到父亲时，父亲已是一名游击，而且与总兵毛文龙的关系非常好。毛文龙把尚可喜当儿子看，尚可喜也争气，能征善战，屡立战功，越来越受到器重。此后，尚学礼父子联手加入到对后金的战斗中。然而，父子俩并肩作战的日子并不长，崇祯三年（1630年）他父亲战死，而尚可喜继续当兵。

▼ 遭人嫉妒，决定投金

　　不久，毛文龙被袁崇焕杀掉，尚可喜便跟随新任辽东总兵黄龙。崇祯六年（1633年）旅顺失守，黄龙战死，谁来接替他却成了一个大问题。经过一场激烈的争辩，明朝廷决定派沈世魁为东江总兵。沈世魁原是辽东商贾出身，目不知丁，但他与毛文龙是亲戚，他的女儿是毛文龙的妾，毛文龙在东江威望甚高，他也沾了不少光。

　　沈世魁上任不久，担心尚可喜威望过高抢了自己风头，决定设计除掉他。尚可喜的威望到底有多高？前面提过，黄龙曾被部下割去耳朵和鼻子，正是尚可喜率兵将黄龙救出，并逮捕了首乱者耿忠裕等十多人，将其斩首示众。尚可喜处理这次兵变也提高了他在军中的威信，黄龙对他更是感激，将他提升为游击。

　　为此，沈世魁部下王庭瑞、袁安邦便诬陷尚可喜。沈世魁觉得这是一个将他除掉的好机会，于是紧急下令调他回皮岛。那时的尚可喜十分忠于大明朝，对沈世魁更是言听计从，他不疑有诈，接到沈世魁的命令后，立即动身，但行至长山岛时，突然大风骤起，不能行船。这时候，沈世魁却频频下令催促他，引起了他的怀疑。于是，他派人秘密上岛探听消息，果不其然，沈世魁想把他诓到皮岛，然后灭掉。

　　尚可喜看到沈世魁做得如比绝，悲愤异常，急忙率领部将返回广鹿岛。沈世魁一计不成再生毒计，上奏朝廷，说尚可喜割据广鹿岛要背叛朝廷。这下，尚可喜被逼入了绝境，该投往何处呢？尚可喜很纠结。造反吧，且不说自己手里的那点兵力根本没有造反的资本，更重

尚可喜陵园

清军攻陷明辽东海防

要的是其父和兄长都在抗击后金的战斗中牺牲了，造反对不起他们。投降吧，其母和众多亲戚死在后金刀下，怎能忘记那灭门惨案。

正纠结时，尚可喜听说后金军军纪严明，赏罚分明，最重要的是从来不欠饷；反观明朝廷，朝纲混乱，奸臣当道，官员互相猜忌、陷害。再看看整个局势，对抗明朝的不光辽东这一个战场，陕西、河南那边接连发生多起农民起义，看来明朝廷已经不受人们拥戴，看不到任何希望了。思来想去，尚可喜感到继续为明朝卖命没有前途，决定投靠后金。

▼ 攻下众岛作为降礼

崇祯六年十月，尚可喜秘密派部将卢克用、金玉奎二人赶赴盛京，向后金大汗皇太极表达了要归顺后金的意图，皇太极喜出望外。皇太极很聪明，在对付明朝用上了极其高明的招，那就是凡来投降的明朝将领，不仅不杀，反而奖赏，不仅赏银子，还赏官做。

十一月，卢克用、金玉奎二人返回广鹿岛，呈上皇太极的回信，信的大意是，你们大可来投靠我，事成之后，我们一起享受荣华富贵，机不可失，时不再来，你就不要犹豫了，赶快归顺吧。

次年正月，皇太极派部下前去打探尚可喜归降的消息是否准确。尚可喜果然没有令皇太极失望，自从接到信后，便决定起兵反明，经过一番准备后，接连攻下大、小长山，及石城、海洋等岛屿，作为投降后金的见面礼。随后，率所部兵民1万多人投奔后金。

为了迎接尚可喜等人的到来，皇太极特意派贝勒多尔衮、萨哈廉等前往迎接。皇太极不仅设宴犒赏众将，还将攻克旅顺时所俘获的尚可喜亲属20余人送还，尚可喜对此感激不尽。不久，尚可喜被封为智顺王，此时他只有33岁。

尚可喜投降后，明军东江防线处于迅速崩溃之中，皮岛陷入孤立。当时皇太极的主要打击目标是关内，从长城北部关口入边袭扰明内地，因此对皮岛明军暂时没有采取军事行动。同年十月，尚可喜上奏皇太极，建议攻取皮岛。

▼ 清军总攻，辽东海防失守

对皇太极来说，皮岛是一个战略要地，明将毛文龙曾据守此岛，并召集辽东逃亡军民，建塞设防，还时不时地到后金军的后院放把火，使皇太极经常感受到威胁。崇祯四年（1631年），皇太极曾对皮岛发动攻击，但以失败告终。此后，皇太极对皮岛就暂时没有采取强攻的办法，而是展开了"和平攻势"，他曾两次致信沈世魁进行劝降，但均没有成功。

尚可喜归顺后，广鹿岛及周边岛屿已归属后金，唯独剩下皮岛上还驻扎明守军，后金当然不会留有后患，皇太极就把攻打皮岛一事提上了日程。

在攻打皮岛之前，后金发生了一

件大事，那就是皇太极建国称帝。天聪十年（1636年），皇太极搞了一系列举动。首先是把国号金改成了清，把年号天聪改为崇德，然后在沈阳皇宫大政殿举行了即皇帝位的典礼，最后又把女真改成了满洲。

清崇德二年（1637年）二月，皇太极乘征服朝鲜之余威，命令贝子硕托、恭顺王孔有德、怀顺王耿仲明、智顺王尚可喜攻打皮岛。从二月二日起，清军发起猛攻，但遭到皮岛总兵沈世魁的顽强抵抗，经过一个多月的争夺，清军也没能得手。

这样下去也不是办法，于是皇太极又派出他的弟弟、勇猛善战的阿济格率军增援。清军改变了战术，决定兵分两路，一路从东侧佯攻；一路以八旗军主力从西北侧进行重点攻击。四月八日傍晚，海上大雾弥漫，清军乘机向皮岛发起总攻。

正当皮岛上的明军全力以赴反击从东侧进攻的清军时，从西北方向偷袭的清军主力部队已经登上皮岛。尽管明军进行了阻击，但为时已晚，再加上兵心不稳，迅速溃败。总兵沈世魁被俘，副将金日观阵亡。明朝廷为什么不派兵增援呢？其实登莱总兵陈洪范来救援了，但却没打，转了一圈又走了。后来沈世魁不屈而被杀。

崇德三年（1638年）二月，沈世魁的残部走投无路，自称总兵的沈志祥接受了皇太极的招降，率领军民2500多人归顺了大清。同年夏天，明朝兵部尚书杨嗣昌下令，将皮岛附近诸岛上的残留兵民，全部迁往宁远、锦州（今辽宁兴城、锦州），致使大连沿海诸岛几乎成了无人区。至此，明朝经营了十余年之久的辽东海上防线彻底告终了。

鸦片战争 英军侵入大连

孙立民

❧ 交战双方
英军 清军

❧ 背景
　　19世纪，两次鸦片战争的主战场虽远在广州、厦门、天津等地，大连地区并非西方列强进攻的重点目标，但英国的军舰还是对大连地区的沿海与陆地进行了多次骚扰。他们的目标是，将大连地区各港口变成英军进出京津舰船的补给地和集结地。

❧ 战况
　　清政府海上军事力量薄弱，毫无战斗力可言。大连湾附近各港口几乎全在英军掌控之中，来去几无阻挡。面对英军频繁的侵扰，清廷派兵阻截，当地民众也有反抗，但力量相差悬殊。二次鸦片战争结束，英军舰船才离开大连海域。

鸦片，是一个充满着罪恶与诱惑的东西。早在19世纪40年代，当时的大连只是一个小渔村，叫作青泥洼，鸦片与这里就有过交集。而当时清政府在青泥洼的八旗驻军，军心摇曳，像一只失去了利齿的圈养老虎，毫无战斗力可言。

伴随着鸦片进入这片土地的，还有英国的巨大军舰。它们先后入侵了长兴岛、小平岛、和尚岛、红土崖（今大连金州新区西山小区和七彩柱广场附近海岸）、棒棰岛、三山岛、青泥洼等地。英军的到来，打破了渤海湾的平静，也打破了这里200年封建专制统治的沉寂，在沿海居民的心里烙下了坚炮利舰威胁的阴影。

▼ 第一次鸦片战争，英军在连补给

英国军舰的入侵，打破了青泥洼几千年的沉寂。

从1840年到1860年这20年间，当时的大连还只是个叫青泥洼的小渔村，人们靠耕田、打鱼过着自给自足的生活。第一次鸦片战争爆发后，英国军舰进入大连湾，打破了这里本来的平静。

1840年2月，英国政府决定发动侵华战争，之后英军炮轰厦门，占领舟山定海，8月，舰队驶抵天津大沽。8月15日，侵华英军总司令懿律率舰驶抵大沽后，开始同清政府进行谈判。英军于9月15日离开大沽，南侵广州。英军对大连进行的侵略与骚扰，就发生在英军入侵大沽之后，到英军离开大沽南侵广州之际。

在闭关锁国的年代，大连地区靠海的居民没见过什么大船，英军的到来确实让当地人"开了眼界"。当时有渔民看到，两艘大船在今长兴岛一带的海面停停走走。之后仔细观察发现，船上写的全是看不懂的外文字，穿着制服的人也是高鼻子、黄头发。后来船上的人上岸和当地居民比画着交流，人们才知道，这来自远方的不速之客，是英国的军人。

听到有英军在大连一带海域活动，当时的官员着实吓得够呛，赶紧派人侦察，得到的情报是：英国的军舰在长兴岛塔山以南沿海抛锚，开始有两艘，后来又到了一艘，都在塔山南外海停泊，大船还都配备着脚艇（也就是小船）。之后，当地居民又陆续看到英军舰船出没在复州、长兴岛、旅顺老铁山、小平岛、青泥洼（现在的大连）一带。

从时间上来看，此时英军正在大沽忙着与清政府谈判。当年的9月15日后，又忙着南侵广州。这时英舰到大连来做什么呢？其实，英军靠近大连一带港口的目的很简单，就是准备补给。

当地人发现，英军船只在长兴岛塔山以南海面停泊后，即潜赴八岔沟汲取泉水。还有英军乘脚艇靠岸，向岛内居民换取牛羊鸡鸭等食物。英船驶至和尚岛、红土崖、棒棰岛、青泥洼、三山岛等处，或游弋，或停泊，行迹不定，忽远忽近，并驾驶脚艇，在港口内外用线

067

硝烟·大连战事

系铅坠，试水深浅。

由此可见，这时英军在大连附近出现，应该说是"探路"的，主要是为给养而来，他们在岸上活动不多，跟沿海居民也没有什么冲突。

▼ 第二次鸦片战争，英舰在连集结

凡事有了第一次，便会有第二次。第二次鸦片战争期间，英军轻车熟路，肆无忌惮地在大连登陆，还和百姓发生了正面冲突。列强的入侵，也打破了清政府退让自保的幻想。

据记载，当时万余英军登陆驻扎，拆毁民房，抢劫百姓粮食、牲畜。频受英军骚扰的渔民和农民被迫离开家乡，去外地谋生。根据时任盛京将军玉明和地方官员的奏报可知，早在1860年2月下旬，英舰就开始对大连进行侵略与骚扰了。是年2月21日、22日，有4艘英舰在金州所属港口停泊。23日上午，6名英国军人驾驶小船上岸声称，他们是英国的船只，并非通商，而是要去天津，现在大连一带暂停。因为同去的还有多艘轮船，所以在此等待聚齐之后再离开。英舰东西游弋，试探水势，用千里镜（望远镜）窥看。2月28日，英国军人携带4艘舢板，分别去甘井子等处买牛羊。同一天，英舰扬帆向东南沿海海面驶去。

这4艘英舰入侵大连，除了保证供给之外，目的是等候其他船只，准备启动军事行动。也就是说，他们将大连作为入侵中国的集结地点和休整地点。果然，等到5月末6月初，英舰就开始大规模入侵大连了。

5月23日，英舰再次侵入渤海，并在山东沿海海面抢劫自营口出发的中国

第二次鸦片战争期间，英军入侵大连湾并登陆露营

商船1艘。26日，又在山东威海成山头抢劫山东莱州掖县商船1艘。截至6月6日，英舰已在黄、渤海一带抢劫中国商船多达11艘。

5月27日，一艘英舰侵入大连抢劫当地渔船，并砍去船桅，将渔船涂成白色。截至6月25日，侵入大连沿海的英舰，包括英军改造和劫留的中国商船在内已达122艘之多。面对英军的嚣张气焰，清水师几乎无力迎战，坐以待毙。

对此，玉明在7月8日的奏报中说：大连于6月22日又来夷船2艘，与海面上之游弋火轮船7艘，一并驶进和尚岛南湾停泊。又自初七日（25日）起，和尚岛、大孤山、青泥洼等处，陆续到来火轮夷船53艘，前后共计122艘……分泊各口，约计水陆迤连300余里，以上各海口，处处俱可登岸。岸上已有夷人3000余名、马600余匹，占据民房10余处，添搭帐房300余架，且夷兵演阵并演马队，其心实属叵测。与此同时，英军军舰还驶入旅顺口和羊头洼，登岸抢掠食物。

▼ 英军企图占领港口

旅顺口，是远东的直布罗陀。这注定了在那个国势衰微的年代，旅顺的命运多舛。

其实，英军用坚船利炮打开中国大门，目的就是打开通道，让英国舰船自由进出京津等地，让英国工业革命的成果更顺利地在中国换来真金白银。

早在1858年第二次鸦片战争中，英军伙同法军打到天津，迫使清政府签订《天津条约》，英法两国从中获得大量强取的侵略权益。1859年6月，大批英国军舰进入大连海域，准备将这里作为集结和休整的基地，继续入侵中国。

英军在大连一带海域登岸后，于6月30日、7月2日分别贴出布告两张。布告上说：英军暂驻于此，并无害民之意，严禁兵丁扰乱百姓，如有此等不法情弊，许该乡民即赴各营总兵官处禀明，定必从严惩办。今特派粮官在各营设立局所，乡民若有牛、羊、鸡、鸭、猪、鱼、果、菜、稻草各等伙食及牲口草料，随时带到粮官局所售卖，均按时价付给，断无强夺之理，并令伊等来往平安。为此示谕该地方乡民知悉，各宜放心照常生理，守业安居，毋庸惊惧搬迁远避。英军这一伪慈善面孔，实际上是为了安抚当地的老百姓，以解决他们长途跋涉、人员众多、军需无着落的问题。为之后在中国进一步的侵略扩张做好后勤给养的补充。

英军入侵大连后，无视中国主权，不仅任意测量水位，绘制辽东半岛地图，还擅自更改地名，如将黑嘴子湾改名为维多利亚湾，红土崖湾改为哈恩德湾，小孤山湾改为贝尔湾，大鱼沟湾改为布斯塔特湾，大孤山湾改为奥甸湾，旅顺口改为亚瑟港，复州湾改为亚当湾，大赫山改为参孙峰。一系列英伦味道的名字，有的到现在还有一些知名度。

▼ 民众反抗英军入侵

鸦片的输入毒害了国人的身体和灵魂，林则徐在虎门销毁鸦片230多万斤，对英国侵略者是个不小的打击。但在鸦片战争期间，大连地区的八旗驻军因久无战事，日渐松弛。旅顺清军水师营也是战船破旧，装备落后，只能勉强近海巡逻，毫无战斗力可言。大连沿海一带港口的弱势，让英军看到了直抵京津的希望。

英军大肆践踏大连沿海之际，时任金州副都统的满镶蓝旗人希拉布闻知英军入侵，立即报请盛京将军玉明派兵增援。玉明紧急从奉天调兵500人，辽阳调兵200人，熊岳调兵300人，共计1000人由记名副都统奇凌阿率领，于1860年7月4日增防金州。

虽然派兵了，但朝廷对入侵英军心存幻想，希望可以妥协求和，命令奇凌阿不得马上攻剿，并以大连湾非通商口岸不可在此逗留为由，要求地方官员劝诫英国军舰离开。7月11日，清地方官员根据朝廷旨意，规劝侵入大孤山的英军离开，但傲慢的英军气焰嚣张，根本置之不理，英舰仍在大连沿海一带游弋，肆无忌惮地上岸。

面对英军的侵略，大连沿海一带的居民奋起抵抗。在青泥洼、周水子一带，英军遭到当地民众的顽强抵抗。在大孤山、小孤山一带，居民投掷石头和瓦块甚至长矛向英军回击。对于英军补给的要求，一些居民拒绝向其提供淡水，有的居民甚至向水中投毒，以示反抗。7月中旬，当英军从旅顺口登陆到羊头洼一带抢劫食物时，旅顺口和羊头洼两地乡民聚集两三千人，手持各种器械大声呐喊，致使英军惊慌失措，不敢登岸。但这些反抗只不过是杯水车薪，英军舰船在大连海域的活动总体来说还是比较"自由"的。

当时，中国尚无与英军铁甲炮舰抗衡的海军力量。清军水师的落后使得清军在鸦片战争中根本不敢以水师出海迎敌。英军以其强大的海上力量，横行于中国的海面。大连地区各港口与天津、北京地区隔渤海相邻，几乎无险可阻。后来英军在大连湾集结后，长驱直入攻入津京。

中日甲午黄海大战

张洪骏

❧ 交战双方

日本联合舰队　清朝北洋舰队

❧ 背景

1894年7月25日开始，日军先后进犯援助朝鲜的中国陆海军，挑起甲午战争。8月1日，中日两国政府宣战，甲午战争正式爆发。8月9日，日军第五师团由朝鲜釜山向汉城进犯，直隶提督叶志超、太原镇总兵聂士城到达平壤。9月15日，日军总攻平壤，清军进行了抵抗。广东高州镇总兵左宝贵壮烈牺牲。16日，日军占领平壤后，叶志超却逃过鸭绿江。9月17日，北洋舰队完成护送运兵船任务自大东沟返航时，与日本联合舰队在大东沟与庄河一带黄海海面进行了一场大海战。

❧ 战况

此战历时5小时，北洋舰队损失5艘战舰，日本联合舰队多艘战舰重创，但未沉一艘。北洋舰队自此退入威海卫，使黄海制海权落入日本联合舰队之手，对甲午战争的后期战局有决定性影响。

一方蓄谋已久，一方猝不及防。

1894年9月17日，大东沟与庄河一带黄海海面上，决定中日双方命运的黄海大战打响了。

战前，日本联合舰队在威海卫、旅顺屡次挑衅，寻找北洋舰队主力决战，以夺取制海权。但是在李鸿章消极避战方针下，北洋舰队只能在山东成山角与鸭绿江口这条线以内活动。不过北洋舰队终究未能躲开决战，在完成护送运兵船任务自大东沟返航时，日本联合舰队迎面冲来。

这是甲午战争期间中日海军的一次主力决战，是整个战争中的一次决定性战役，也是世界海战史上的一次著名战役，被西方称为"近数十年欧洲各国所未有"。

▼ 消极避战激怒北洋舰队将士

那个时候，清政府拥有亚洲第一的舰队。那个时候，他们据守在有"远东直布罗陀"之称、世界五大军港之一的旅顺军港。但是，这并没有让他们具有与之匹配的雄心壮志。所以，最终的结果在一开始就已经注定。

1894年7月25日丰岛海战后，日本联合舰队进行了改编。除了由本国向朝鲜运送陆军以扩大战事外，日本海军的主要任务是从海上牵制清军，寻找北洋舰队主力决战，以实现其"聚歼清国舰队于黄海"、夺取制海权的计划。

而同日本舰队主动寻机决战相反，清北洋大臣李鸿章推行消极避战方针。尽管李鸿章手中握有淮军和北洋舰队两张王牌，但还是让北洋海军采取防守战略，固守大同江口至威海卫间海岸线，避免同日本舰队在海上交火。

8月2日，也就是日本正式向中国宣战的第二天，日本战时大本营向联合舰队下达了"歼灭敌舰队，控制敌海面"的命令。

自丰岛海战后，日本海军一直没有发现北洋舰队的行踪，联合舰队司令长官伊东祐亨海军中将判断北洋海军主力一定在威海卫港内。

8月9日上午，日本联合舰队的6艘鱼雷艇与母舰"山城丸"号从大东河口出发，开向威海卫。联合舰队本队及第一、第二、第三游击队也从隔音岛出发，准备围攻威海卫港，一举歼灭北洋舰队。

当天晚上，鱼雷艇队到达山东半岛成山角，乘夜向威海卫港东口潜航。10日凌晨2时35分，鱼雷艇队距日岛约1500米时被清军发现，清军立即猛击。日鱼雷艇队偷袭失败，退回海上与"山城丸"会合后返回隔音岛。天亮后，联合舰队到达威海卫外海，在与海岸炮台互相炮击后，伊东祐亨确认北洋舰队主力不在港内，便率领舰队返回隔音岛锚地。

8月10日，在日本联合舰队于威海卫、旅顺挑衅后，李鸿章又把北洋舰队游弋海域从大同江口缩至鸭绿江口，严令北洋舰队提督丁汝昌，不许北洋舰队驶出山东成山角与鸭绿江口划线以外。李鸿章的消极避战方针，让北洋舰队将士非常愤慨。这一点，就连北洋舰队聘请的美国人马吉芬都看了出来。

▼ 日联合舰队欲寻北洋舰队决战

从一开始，日本联合舰队就充满了侵略性。

8月16日，日本联合舰队再次改编为本队和三支游击队，另有本队附属舰和鱼雷艇母舰"山城丸"号。

日军大本营将作战计划调整为先占领朝鲜全境，再以朝鲜作为进攻中国的桥头堡。为此，联合舰队要掩护陆军增兵朝鲜，还要继续寻机与北洋舰队决战，以便为发动入侵中国本土的辽东半岛战役创造条件。

伊东祐亨按照大本营意图，重新部署舰队，将根据地移至大同江口南侧的渔隐洞。

9月10日，李鸿章决定由丁汝昌率海军大队护送总兵刘盛休所部铭军4000人乘船前往大东沟，登陆后支援前线。朝廷指示：铭军登岸后，丁汝昌马上率舰队驶回威海、旅顺，巡防各海口，遇敌即击，不得稍有延误。

李鸿章、丁汝昌对这次北洋舰队运兵船只考虑了安全运送问题，并没有研究日本海军的动向。

9月15日，日军开始向平壤发起总攻。同一天，北洋舰队按计划抵达大连湾补充煤、水，准备执行运兵任务。16日凌晨，丁汝昌和北洋海军副提督、德国退役军官汉纳根率14艘战舰和4艘鱼雷艇先行出发。运输船一个小时后起程，跟随护航舰队前进，一同驶向大东沟。

当天下午，北洋舰队和运输船队平安抵达大东沟。丁汝昌命"镇南"、"镇中"两舰及鱼雷艇护卫运输船进入江口15海里处卸载，"平远"、"广丙"两舰泊在口外，"定远"、"镇远"、"致远"、"靖远'、"来远"、"经远"、"济远"、"广甲"、"超勇"、"扬威"10舰在口外12海里处下锚。

当天平壤已经陷落，日本联合舰队立即向海洋岛方向疾驶，寻找北洋舰队决战。

▼ 海战爆发，夹缝雁形阵对单纵阵

当战斗来临的时候，北洋舰队没有退缩。

1894年9月17日8时，北洋舰队的10艘战舰在锚地按惯列进行了一个小时的战斗操练。此时北洋舰队水兵亦渴望同日舰决一胜负。

10时30分，"镇远"舰瞭望哨发现西南方向海面上出现一团团黑烟，判定为日本军舰。丁汝昌、汉纳根、刘步蟾在旗舰"定远"舰上发出"立即起锚"的信号。各舰起锚后，以两舰为一小队，前后错开，形成犄角鱼贯阵以5节航速向南迎击。鉴于日舰距离尚远，丁汝昌传令各舰抓紧午餐。

迎面驶来的12艘日舰是日本联合舰队司令长官伊东祐亨率领的本队6舰、第一游击队4舰、第三游击队的炮舰"赤城"号及海军军令部长桦山资纪乘坐的代用巡洋舰"西京丸"号。

10时23分，第一游击队旗舰"吉野"率先发现北洋舰队。"西京丸"和"赤城"舰转至左侧，伊东祐亨命第一游击队和本队成单纵阵航进。12时5分，伊东祐亨命日舰进入战斗位置。

丁汝昌见日舰以单纵阵驶来，下令舰队航速提高到7节，并将阵形由犄角鱼贯阵改为夹缝雁形阵。夹缝雁形阵就是左右交错的双横阵，各小队两舰前后交错配置不变，以第一小队居中，第二、第四小队依次向左翼展开，第三、第五小队依次向右翼展开，最后形成五个小队平行。

北洋舰队变阵时，丁汝昌根据舰队实际情况向各舰发出命令，"保持舰首向敌，各舰随旗舰运动"——北洋舰队各舰的重炮都安装在舰首，以舰首对敌可以最大限度地发挥火力；北洋舰队的主力舰重炮多、口径大，但是航速慢、速射炮少，而日本舰队的主力舰多为新购置的，航速快、中小口径速射炮多。

▼ "定远"巨炮拉开黄海海战序幕

拥有先进铁甲舰的北洋舰队，在战斗一开始无疑有着心理优势。

9月17日12时50分，中日舰队相距约5300米时，"定远"舰管带刘步蟾先发制人，令右主炮塔30.5厘米口径巨炮首先开炮，黄海海战开始了。

北洋舰队各舰随"定远"开炮，几乎同时对日舰轰击，但因距离过远，多未击中目标。

当双方舰队相距约3000米时，日本第一游击队4舰一边以猛烈炮火向北洋舰队射击，一边快速横越北洋舰队阵前，直扑北洋舰队右翼的"超勇"、"扬威"两艘弱舰。"超勇"、"扬威"的舰龄已达13年，老朽陈旧，速度缓慢，因此频频中弹。

更为不幸的是，日舰的第一次齐射，就将北洋舰队旗舰"定远"舰桥击毁。正在舰桥督战的丁汝昌头颈部右侧烧伤，随后，"定远"舰的帅旗也被打落，信号索具被摧毁。

但是，当日本第一游击队各舰绕过北洋舰队阵前，环攻"超勇"、"扬威"时，其本队6舰恰好驶到北洋舰队夹缝雁行阵"人"字形的前方。舰首对船腹，北洋舰队各舰以舰首主炮猛烈轰击敌舰，日舰单纵阵被拦腰截断。

这时，"定远"、"镇远"及右翼各舰发右舷炮火猛轰日舰"松岛"、"千代田"、"岩岛"、"桥立"。"松岛"32厘米枪炮塔上部被"定远"击中，2名炮手负伤。随之"松岛"第七号炮位也中炮被毁，伤亡2人。

北洋舰队左翼的"致远"、"靖远"等舰发左舷炮火截击"比叡"、"赤城"等日本后续各舰。在北洋舰队猛烈的炮火下，"比叡"、"赤城"等孤军遭到痛击。"比叡"被打得走投无路，冒险闯入北洋舰队阵中，企图从"定远"和"靖远"之间500米的间隙中穿过，结果陷入"定远"、"靖远"、"广甲"、"济远"等舰的包围之中。在四面猛烈轰击下，"比叡"被打得体无完肤，悬挂樯头的军旗都被击碎。接着，又被"定远"30.5厘米巨炮击中右舷。炮弹在后樯处爆炸，甲板被毁，火势汹汹，浓烟滚滚。激战中，舰上17人丧生，32人受伤。不过令人惊奇的是，千疮百孔的"比叡"竟然没有沉没，而是拖着浓烟逃出重围。

▼ 北洋舰队管带蹈海自尽

战场形势瞬息万变，黄海上的这场旷世大战吸引着全世界的目光。

在北洋舰队集中攻击日舰本队殿后弱舰的同时，日舰本队前方4舰航行到"定远"、"镇远"的正面发炮。中国军舰也猛烈回击。

13时8分，"吉野"后甲板被击中，堆在后甲板上的炮弹、火药爆炸，浅尾重行少尉和一名水兵被炸死，另有9人受伤。这时，后续3舰也均被击中："高千穗"右舷后部水线上方被击穿3个孔，伤亡2人；"秋津洲"第五号炮位炮盾中弹，永田谦廉平大尉等5人被炸死，9人受伤；"浪速"右舷一号炮台下水线部被击穿，海水浸入甲板。

日军第一游击队向右调转航向，成半月形很快绕过北洋舰队右翼末端。"超勇"、"扬威"在4艘日舰的猛烈攻击下，终于燃起熊熊大火。"超勇"舰体渐渐向右倾斜，但直到13时30分沉没时依然发炮不止。管带黄建勋落水后，"左一"鱼雷艇恰好从大东沟赶来，抛长绳相救，黄建勋拒绝救援。

"扬威"虽然没有马上沉没，但也开始倾斜，而且火势难以控制，首尾两炮间不能通行。"扬威"无力再战，便向北面大鹿岛方向撤退，后来搁浅于近岸海边。水兵纷纷跳水逃生，管带林履中愤然蹈海自尽。

北洋舰队主力与日舰本队的激战仍在继续。当"扶桑"失去战斗力、"比叡"退出队列时，航速迟缓的"赤城"、"西京丸"被本队甩在后面。北洋舰队左翼诸舰集中火力猛攻"赤城"。在相距800米处，"赤城"分队长佐佐木广胜大尉被炮火击伤，候补生桥口户次郎海军少尉被击毙。

13时25分，"赤城"舰桥被"定远"尾部15厘米克虏伯炮击中，正在舰桥上观看海图的舰长坂元八郎太少佐和一号速射炮的2名炮手当场毙命。接着，"赤城"又连中数弹，伤亡官兵8名，蒸汽管被炸裂，航速锐减，弹药供应也中断了。"赤城"一面施救，一面向南撤退。

至此，黄海大战第一阶段海战结束，北洋舰队稍占上风。在这一阶段，双方均以己之长攻对方之短，力争主动。双方互有损伤，不分胜负，但北洋舰队仍能维持阵形，保持舰与舰之间距离，而日舰本队的鱼贯纵阵却被打乱。

▼ 日舰队掌握战场主动权

虽然在中日黄海大战第一阶段，北洋舰队稍占上风，但是从第二阶段开始，形势急转直下。

14时15分，北洋舰队"来远"舰在日舰"赤城"后方200米处发炮，再次击中舰桥，代理舰长的航海长佐藤铁太郎大尉被炸伤。14时20分，"赤城"施放尾炮击中"来远"前甲板，然后乘机逃脱。

与此同时，"西京丸"遭到"定远"、"镇远"等舰猛攻，连中十多发炮弹，蒸汽管被炸坏，蒸汽舵失去作用，之后挂出"我舰故障"的信号。刚发完信号，又一发15厘米炮弹和数发速射炮弹飞落后甲板爆炸，舵机和信号装置被摧毁。另一发15厘米炮弹从舰尾穿过轮机室，在甲板上爆炸，摧毁5个舱室，燃起大火。14时40分，企图驶向第一游击队和本队的"西京丸"与中国军舰"平远"、"广丙"和鱼雷艇"福龙"正面相遇，再次遭到猛烈攻击。"福龙"先后发射3枚鱼雷，但都没有命中。"西京丸"侥幸逃离战场，单独返回临时锚地。

14时15分，在打击了北洋舰队右翼"超勇"、"扬威"两舰之后，日本第一游击队逐渐追上本队殿后的"扶桑"舰时，突然发现"西京丸"发出的"'比叡'、'赤城'危险"信号，便立即左转180度，加大航速向"赤城"与中国军舰之间驶去。于是，第一游击队与本队对北洋舰队形成了夹击态势。

当"超勇"即将沉没时，原泊于大东沟口外的"平远"、"广丙"和鱼雷艇"左一"、"福龙"应召赶来助战，使北洋舰队在损失"扬威"、"超勇"两舰后仍保持10艘战舰的数量。日本舰队则因"比叡"、"赤城"、"西京丸"先后退出战场，所剩9舰继续作战。然而，战场形势并没有向有利于北洋舰队的方向转变。由于缺乏统一指挥，北洋舰队的阵形已零乱不整，除"定远"、"镇远"两艘铁甲舰还保持协调行动外，其余诸舰各自为战，完全处于被动防御态势。而日本舰队的弱舰退出后反而丢掉了包袱，更加便于机动。第一游击队和两个单纵队，利用速射炮的优势，掌握了战场主动权。

日舰本队在北洋舰队右翼完成回旋后，再次向中国军舰发起攻击。14时26分，"松岛"发射32厘米口径巨炮，击中"镇远"前部。14时34分，从右方驶向"松岛"前面的北洋舰队"平远"突发一枚26厘米炮弹，击中"松岛"左舷士官室，穿过鱼雷长室和左舷鱼雷发射管下面，在32厘米炮台爆炸，4名左舷鱼雷发射员被炸死。15时10分，又一发炮弹击中"松岛"，打穿左舷中央鱼雷室上部，在大樯下部爆炸，炸死左舷鱼雷发射员2名。

日舰本队拼命回击，致使"来远"、"平远"、"广丙"相继中弹起火。15时15分，"平远"带伤发射两炮击中"岩岛"。"岩岛"发生火灾，文书、水兵、火夫、厨师等10人被炸死，被迫退出战列。

此时，日舰本队已驶过北洋舰队背后，与第一游击队形成对北洋舰队夹击之势，日本舰队转入有利形势。

▼邓世昌率"致远"撞日舰"吉野"

虽然北洋舰队腹背受敌，形势不利，但舰队官兵毫不畏缩，愈战愈勇。丁汝昌身受重伤仍不下火线，包扎伤口后坐在甲板上鼓舞士气，右翼总兵"定远"管带刘步蟾代为督战。

"定远"在日舰的两面夹击下，前部燃起大火，前桅杆折断，提督旗悬在半空。"致远"管带邓世昌发现后，为解救"定远"抱定牺牲决心。邓世昌指挥"致远"与致奋战，已经多处中弹，伤痕累累，炮弹也打光了。这时，恰好遇到日舰"吉野"。邓世昌看见"吉野"横行无忌，气愤地对大副陈金揆说："倭舰全靠'吉野'，如果将它击沉，我军胜利在望。"

在邓世昌的激励下，全舰官兵将"致远"开足马力，直向"吉野"撞去。"吉野"见状，一边躲避一边连连发炮攻击。15时30分，"致远"中弹，右舷倾斜，舰首先行下沉，转瞬间即没于海中，邓世昌等200余名官兵一同殉国。

"致远"舰冲击敌舰

"致远"沉没后，"济远"首先退出战场，向旅顺口方向逃去。"广甲"紧随其后驶向大连湾方向。

日本第一游击队见"济远"、"广甲"退走，曾试图追上将其击沉，但因相距太远而折回集中攻击"经远"。"经远"中弹起火，管带林永升临危不惧，沉着指挥，以一抵四。林永升下令将龙旗高悬桅顶，表示死战到底。

海战第二阶段后，北洋舰队的"超勇"、"扬威"、"致远"先后沉没，"济远"、"广甲"逃遁，失去5舰后战斗力大为减弱，已无力主动进攻日舰，被迫转入防御。日舰"比叡"、"赤城"、"西京丸"3舰退出战场，但这3舰都是弱舰，对日本舰队战斗力影响不大。相反，因为这些弱舰退出战场，日本舰队不必分散力量保护它们，整个舰队实际上减轻了负担，可以无顾虑地作战。这样，日本由第一阶段的劣势转为优势，战局的发展开始变得对日本舰队有利。

▼ "定远"、"镇远"抗住日舰围攻

战斗越来越艰难。

由于多艘战舰沉没和逃遁，在最后阶段的海战战场上，北洋舰队坚持战斗的只有"定远"、"镇远"、"来远"和"靖远"、"经远"5舰。而日本则有"吉野"、"高千穗"、"秋津洲"、"浪速"、"松岛"、"千代田"、"岩岛"、"桥立"和"扶桑"9舰。双方军舰数量比为5:9，吨数对比为19870吨比33834吨。日本舰队力量超过北洋舰队一倍，北洋舰队处境十分困难。

海战第三阶段一开始，日本舰队以本队的"松岛"、"千代田"、"岩岛"、"桥立"、"扶桑"5舰包围"定远"、"镇远"，第一游击队4舰则进攻"来远"、"靖远"、"经远"。实际上形成了两个战场。

"定远"、"镇远"是当时世界各国海军中罕见的大型铁甲舰，装甲厚、吨位大、炮火重，利于防御。日本舰队以前惧怕这两艘铁甲舰，因此力图将其击沉。而现在他们等到了绝佳机会。

"定远"、"镇远"虽然被5艘敌舰围住猛攻，但是毫不避让，拼命抵御。"定远"舰管带刘步蟾指挥灵活，操舰频频变换路线，让敌炮不能轻易瞄准。"镇远"舰管带林泰曾、大副杨用霖指挥"镇远"舰与日舰机智周旋，始终与"定远"保持着互相支援的犄角骈列阵型。

15时30分，"定远"、"镇远"两舰齐发30.5厘米口径巨炮，其中一弹命中"松岛"第四号炮位，堆积在甲板上的弹药爆炸，发出惊天动地的巨响。"松岛"上空白烟翻腾，海面上形成一个大火海。队长志摩清直大尉和分队长伊东少尉等28人丧命，68人负伤。"松岛"基本上失去战斗力，伊东祐亨不得不将"桥立"替代"松岛"改为旗舰。

"松岛"遭重创后，与本队其他

4舰向东南退走，中国两铁甲舰尾随追击。追到相距二三海里时，日舰本队回头应战。这是黄海海战最激烈的时刻，然而，"镇远"射出148发6寸弹后，榴弹打光，只剩下25发12寸炮钢铁弹。"定远"也陷入相同困境，而且各自只有两三门重炮还能射击。不过"定远"、"镇远"配合默契，英勇奋战，终于顶住了5艘日舰的猛烈进攻，一直坚持战斗到最后。

日舰本队的"松岛"、"岩岛"、"桥立"3舰专为对付"定远"、"镇远"而设计，装备有32厘米口径巨炮，原以为可以击穿30英寸厚的装甲，然而，在"定远"、"镇远"的装甲及炮塔护甲上，被日舰炮弹击出的弹坑虽密如蜂巢，但深度却没有超过4英寸以上的。观战的英国斐利曼特尔海军中将评论说，日本舰队之所以不能全歼北洋舰队，就是因为这两艘铁甲舰的存在。

▼ "经远"在黑岛附近沉没

日舰攻击铁甲舰"定远"、"镇远"的同时，第二游击队前去追击北洋舰队受伤最重、航速减缓而落在后面的"经远"、"来远"、"靖远"3舰。

"经远"已中弹百余发，火焰腾飞，舱内也进了很多水。"来远"中弹200多发，后部燃起大火，为防止通气管把甲板上的烈火引入机舱，舱内人员关闭通气管，在200华氏度的高温下坚持战斗。

日第一游击队决定首先追击"经远"。16时48分，疾驶在前的"吉野"追至距"经远"约2500米处开炮，然后逼至1800米处猛烈攻击。"经远"管带林永升边指挥全舰官兵救火边奋力抵抗，发炮攻敌。但在"吉野"的持续猛攻下，"经远"完全笼罩在黑烟之中。不幸一发炮弹飞来，林永升头部中弹牺牲。17时30分，"经远"火焰冲天，向左舷倾斜，最后在庄河黑岛南老人石海礁附近沉没。全舰除16人获救外，近200人殉国。

由于"经远"牵制了敌舰，"靖远"、"来远"得以驶至大鹿岛附近，扑灭大火堵塞漏洞。日舰第一游击队在击沉"经远"后，于17时45分转向大鹿岛海面，准备攻击"靖远"、"来远"两舰。但在这时，日舰本队发出"返回"信号。信号是伊东祐亨发出的，他见暮色将临，继续作战不利于保持队形，又怕遭到北洋舰队鱼雷艇的袭击，因此决定结束战斗。

"靖远"、"来远"发现日舰撤退，便向"定远"、"镇远"两舰方向驶去。这时，"靖远"管带叶祖珪在帮带大副刘冠雄的建议下，代旗舰升起督旗，召集其他军舰"定远"、"镇远"、"来远"、"平远"、"广丙"6舰聚集后向日本舰队撤退方向航行了一段距离，见日舰走远，便转舵返航旅顺口。

持续了5个小时的黄海海战宣告结束。

北洋舰队在黄海海战中失利，除了清政府的腐朽制度和李鸿章"避战保存"的错误方针外，还有其他几个因素：武器装备落后，军舰陈旧，航速慢，缺少速射炮；炮弹供应不足，质量差；旗舰率先受到攻击，指挥不利；纪律不严，两舰擅自退出战场；煤炭补给、装备维修、医疗保障等后勤保障欠缺。

　　不过，日本联合舰队倾巢出动，目的在于聚歼北洋舰队，夺取制海权。北洋舰队虽然损失惨重，遭到沉重打击，但主力铁甲舰"定远"、"镇远"仍在，日本的战略意图并没有达到。在此之后，北洋舰队丧失了出海的勇气，幸存的舰只在旅顺军港抢修后，便匆匆开赴山东威海卫，主动放弃了制海权。

日军花园口登陆

交战双方
日本第二军　清金州守军和北洋水师

背景
　　1894年10月，黄海海战之后，大获全胜的日本军队决定实施冬季作战计划。根据日本大本营的谋划，预备在1895年春季进行直隶平原决战，意图击溃中国陆军主力，攻占北京。为此，打通从海上直达京畿门户的海道至关重要。按照计划，日军组建第二军，用船把第二军运到大连湾一带，再找合适地点登陆，攻占金州，切断旅顺后路，从而占领整个旅大地区。

战况
　　黄海海战后日本组建了第二军，派出侦察舰和间谍多次前往黄渤海和大连地区进行秘密侦察。从1894年10月24日开始，大量日军开始从花园口登陆，而在半个月的时间里，日军未受到清军任何阻击和抵抗。而早已收到日军登陆线报的金州守军和北洋水师却在人手不足、军舰重伤的双重阻碍下，眼睁睁看着日军登陆而未采取任何措施。

胡慧雯

1894年9月18日清晨，淡淡的晨雾中，一艘艘军舰踯躅地沿着旅顺老虎尾旁狭窄的航道，缓缓进入港区——这些都是从黄海海战战场返回的北洋舰队的主力舰。此时此刻，旅顺港的岸边，已聚满了翘首张望的人群——凌晨时逃回的"济远"舰，早已带回了大东沟海战惨败的噩耗。随着太阳升起，晨雾渐渐淡去，眼前的景象惊呆了所有人：几乎每艘军舰的外表，都布满了密密麻麻蜂窝般的弹孔和烟熏火燎的痕迹。而他们昔日的英雄，脸上身上挂满了各种各样的伤痕……惊愕、疑虑甚至恐惧慢慢在人们心底浮起：作为大清王朝新锐武装标杆的北洋舰队，竟然会遭受如此重创。那么，大海另一头的那个弹丸小国，到底是怎样凶猛和强悍？空气如凝固般压得人喘不过气来，整个旅顺口被笼罩在死一般的沉静中，只有军舰进港时单调的轮机声，在低低地轰鸣。

▼ 组建新军意图攻占旅大

黄海海战结束后，饱受重挫的北洋舰队盘亘在旅顺口休整。这时候，港口里是一片杂乱的景象：多艘军舰受重创，需要修理，但却面临船坞和施工人手严重不足的尴尬。同时，北洋舰队的官兵死的死、伤的伤——以丁汝昌为例，有资料记载，他"头脚皆肿，两耳流血水，两眼不能睁开，日留黄水，皮肉发黑，疼痛异常，言语稍多，心即摇摆不宁，无能自主"。

而海的另一头，日本人又开始了新一轮的蠢蠢欲动：受黄海海战胜利刺激的日本大本营看准了北洋舰队在旅顺休整无法远出、黄海实际已为日本联合舰队控制的机会，放心大胆地实施起了冬季作战计划。根据他们的谋划，预备在1895年春天，攻占北京。而夺取北京，首先就需要打通从海上直达京畿门户的海上要道。因此，占领辽东半岛就成了他们的目标。同时，他们雄心勃勃地打算消灭北洋舰队。

计划有了之后，日本人就开始行动了。他们首先着手组建了一个新陆军兵团：第二军。按照计划，得先用船把第二军运到大连湾一带，再找个合适的地方登陆，然后攻占金州，切断旅顺后路，从而占领整个旅大地区。

1894年9月21日，距离大东沟海战结束仅仅几天的时间，日本第二军就组建完成了，并任命大山岩担任司令官。

大山岩在日本近代史上也算是个赫赫有名的人物。他早年曾留学法国，后来担任伊藤博文内阁的陆军大臣，是日本大本营的核心人物之一。早在1894年甲午战争爆发前，大山岩就和伊藤博文、川上操六等人一起制定了侵略中国的"作战大方针"。而这次在占领旅顺的计划中，大山岩认为，旅顺防守比较严，如果从正面攻击，胜算不大；如果出其不意从后面出击，会比较容易。于是，日本大本营命令日本海军先在辽东半岛黄海海岸一带为第二军寻找合适的登陆地点，并开始紧张地调兵遣将。

9月22日，第二军士兵开始陆续从日本新修建的青山练兵场出发前往广岛港登船。当时，满载日本兵的列车里夹杂着一个特殊人物：随军记者龟井兹明。龟井的头衔虽是"伯爵"，但他最喜欢做的事却是摄影和写日记——其早年在德国学摄影，战争爆发后立即回到日本并强烈要求随军采访，用他自己的话说，是"收集战史资料，拍摄战斗的景观"。正是由于龟井伯爵的这个爱好，使得大量战争照片得以保存下来，为历史保存了证据。

9月27日晚8时30分，龟井兹明搭乘的军列到达广岛车站。透过车窗，他看到车站上拥满了黑衣人群——至此，第二军第一师团全部集结完毕。

▼ 搜集情报密探大连

其实，早在9月24日到28日，即日本第一师团在铁路上奔波之际，日联合舰队就派出两艘军舰到大连湾一带勘察。

为了不暴露登陆计划，这次勘察活动进行得非常隐秘，军舰停泊在较远的海域，然后派向野坚一、钟崎三郎等人戴上假辫子，穿上中国服装装成中国人模样前往金州方向侦察，同时几个士兵偷偷坐着火轮舢板到近岸察看。经过几天的调查，他们把目光锁定在大连湾东北处一片荒凉海滩——花园口。

根据资料记载，早在甲午战争之前，日本人就开始对大连地区进行间谍活动，一批批的特务，足迹遍及奉天（今沈阳）、大连湾、旅顺、金州、貔子窝等地。他们化装成中国人的模样，打着经商、照相、占卜、卖药等幌子，进行搜集情报的活动。

不过日本探子为何相中了花园口呢？这是因为每逢海滩涨潮时，花园口的水深可达3米，落潮时浅滩仅有不到2里的宽度，非常有利于大型运输船就近停泊。他们认为这种条件可以减少运兵舢板来回运转的距离，方便陆军快速上岸。他们还发现，清陆军在此没有驻防，而且，这里距旅顺又远，可以减少遭遇北洋海军阻击的危险。

不过，联合舰队选的这个登陆点刚开始却并不被第二军看好。陆军认为花园口距金州城太远，士兵下船后还要进行很长距离的行军，很容易被中国军队发现。而且从花园口到金州的路上还有三条河流，架桥过河也是个麻烦事，会影响行军速度。他们理想的登陆点是再往西位于花园口西南方的貔子窝（今普兰店市皮口镇）。

日本联合舰队没有办法，又派人悄悄去辽东半岛一带侦察了一遍地形。结果发现貔子窝一带水太浅、滩涂的纵横太大，不利于登陆，而且在那一带发现有中国军队活动……就这样，双方争论不休，直到10月21日傍晚，才最终敲定将花园口作为登陆点。

▼ 顺利登陆没受任何抵抗

彼时,花园口和今天欣欣向荣的情景不同,还是个非常荒凉的小渔村。岸上零星散落着十几户人家,每天过着耕田养海的日子。

1894年10月24日,初冬的花园口显得别样的清冷。由于是农闲的季节,所以家家户户都闭门不出。一垛垛的玉米、大豆高高地堆在门前,被寒风吹得飒飒作响。凌晨时分,有村民突然被狗叫声所惊醒,夹在犬吠声中的是芜杂的脚步声和一种怪异的语言——原来,日本"千代田"舰陆战队的十几名士兵悄悄地从花园口登陆后潜入村庄。这些日本兵在这里转了一圈,发现果然和探子回报的一样,没有中国军队驻扎。于是他们在村口布置了岗哨,并在一个小土丘上竖起了一面太阳旗。

太阳升起后,走出家门的村民们被附近海面上的景象吓呆了:在十几艘护航舰的守卫下,十几艘大型运输船停泊在花园口外的锚泊地。当船上的日本人看到村庄中的太阳旗后,登陆行动立刻大规模地展开了。

日本陆军的登陆方式比较奇特:他们将运兵船载运的人员物资先散乘到各个舢板上,再将四五艘舢板串在一起,用火轮舢板拖带直驶岸边,往返转运。很快,海面上出现了280艘舢板以及22艘火轮舢板,穿梭往来很是繁忙。据当时参与登陆的日本人回忆:身着蓝衣黑裤的中国人,三五成群地站在山丘上,手搭凉棚眺望日军登陆。当日本军队靠近时,这些老百姓由于害怕,转身往回逃……而日本兵则在后面乐得手舞足蹈。

从10月24日到11月6日,日军在花园

1894年10月,日军在花园口架桥登陆

口登陆前后整整延续了半个多月。令人诧异的是，在这么长时间的登陆过程中，居然没遭到任何清军的阻击。就在这段时间里，花园口海滩上共卸下24049名日本官兵、2740匹战马和大批辎重武器。

▼ 日军花园口烧杀抢夺

实际上，早在10月24日，清军就已经获得了日本兵登陆的消息。当时驻守貔子窝的是捷胜营马队营官荣安。他听到有日本人在花园口登陆的消息后，就派人去侦察。结果，在途中活捉了日本间谍钟崎三郎、山崎羔三郎和藤崎秀。一审讯，获悉日本军队登陆的规模以及要进攻金州、旅顺等情报。荣安觉得自己手下只有80人，根本无力和日军抗衡，于是，带着手下往熊岳城方向撤去。就这样，日本人顺利地占领了貔子窝。可惜这个情报最终没能引起清政府及清军将领的重视，清政府没有及时调派军队来做好防守准备。

再说日军在花园口登陆后，就开始四处张贴告示，大意是：百姓不得反抗，当兵的要赶紧扔了武器投降！接着，日本人又打着"征用物件"的名义开始在花园口野蛮掠夺。

一名叫王际衡的当地人后来回忆说，那一天天刚蒙蒙亮，日军开始在花园口登陆。当乡亲们看到日军时都惊恐不安，慌忙四处奔逃。当时，花园口吴屯、久隆兴等地的居民除了一个年逾古稀的老太太没办法逃走，其他的全部拖儿带女逃到了庄河城山、长岭一带的山区避难。就连距花园口村10多华里的钟屯、小刘屯等地的老百姓，听到消息后也纷纷往北逃跑。花园口一带的村庄到

1894年11月末，日军登陆花园口之后，随即侵占了貔子窝

处是凄凉的景象。更惨的是，天气本来就极冷，逃难的乡亲们无处可去，只能风餐露宿。

这些百姓一直躲到春节临近时才陆续返家，结果回家一看又都傻眼了：家没了。原来，日军一下船就先把村里的鸡、鸭、猪、驴、牛、马吃了个干净，等这些吃完了又开始杀猫杀狗吃。吃完了又开始抢东西，连一些衣箱衣柜及桌椅板凳都被当柴火烧了……之后日本人又开始烧房子，久隆兴前后街共14间草房全被烧了，剩下的是一堆堆废墟；宋屯当时有35间房子，只剩下5间……

▼ 部分将领对命令置若罔闻

那么此时，李鸿章和北洋水师又在做什么呢？

早在日军在花园口登陆的前一个月，李鸿章就得到了线报。9月28日，李鸿章给清军驻旅顺的各将领及北洋海军提督丁汝昌发电报，中心思想是：日本人很可能要抄咱们旅顺的底儿……大家务必要小心啊。各炮台必须昼夜分班瞭望不放松！

其实，李鸿章心里也跟明镜一样，黄海大战后丁汝昌受伤，北洋舰队舰船损毁严重，旅顺船坞的人手又不足，舰船的修理进程十分缓慢。于是，他又分别在10月2日、4日连续给北洋水师发报，敦促他们要抓紧时间修船，早点出海。特别是4日的电报，李鸿章明显表现出了不满：日本人要偷袭了！咱们这么多船，抓紧时间修一下，也好早点到海上护卫，日本人看见我们的船还能行驶，不至于太放肆……你们现在却全趴窝了，到底想干什么？用兵之道是虚虚实实，这个道理都不懂吗？

10月9日，心急如焚的李鸿章又发电报催促：日本人正计划从大连湾地区登陆……水师的6条船如何？何时能出兵？10月13日，他又给丁汝昌发电报，要求其"带病上船，定期出海"。

李鸿章也知道，北洋水师受损严重、弹药匮乏，所以他叮嘱丁汝昌"做做样子，让日方有所顾忌就可以了"。随后，他又调集了徐邦道统领马队一营、炮队一营、新募勇二营，乘船赶赴旅顺支援。就在这么危机的形势下，仍有将领把李鸿章的叮嘱当"耳边风"，未加强对沿海的防范，最终让日军如入无人之境顺利登陆。

10月28日夜，丁汝昌在得知日军登陆的消息后，率舰队由威海卫北返旅顺。29日下午，丁汝昌率船队从旅顺出发前往大连湾一带巡弋，并表示：此行一旦遇敌，要拼死一战。而这时，获悉日军已登陆的李鸿章清醒地认识到，已无力回天。但他又担心北洋水师再有损失，渤海的海防就更没保障了，于是他给丁汝昌传话：以刺探为主，拼命就算了——由此可见，李鸿章是想保存北洋水师的实力，以后再做打算。却不承想，最后反而被日军一窝端了——正所谓，一子错，满盘皆落索。

清军石门子三挫日本兵

❧交战双方
　　日军　清军

❧背景
　　黄海海战大获全胜之后，日本军队实施冬季作战计划。为了打通从海上直达京畿门户天津的海道，日军确定1894年冬季的作战目标为占领旅顺半岛，同时消灭北洋舰队。

❧战况
　　日军在花园口登陆后，继续向南意图攻占金州城。1894年10月31日，清驻旅顺守军徐邦道紧急率兵前往增援，并在石门子设下伏兵。双方在该地区展开多次激烈战斗，最后清军因寡不敌众而惨败。

胡慧雯

硝烟·大连战事

北洋海军游弋在大连湾附近的时候，日本第二军已占领了貔子窝，稍事休整后，继续部署向金州进发。日军在石门子地区和清将领徐邦道率领的军队发生多次激战。尽管中国军民团结协作，浴血奋战，但终因兵力相差悬殊而导致控扼金（州）貔（子窝）大道的石门子阵地失守。

▼ 旅顺守军紧急增援金州

金州城，自古以来就是兵家必争之地。然而，如此险要的战略要地，甲午战争前清政府却没有严密布防。甲午战争爆发时，金州副都统只统辖骑兵两哨，由驻扎貔子窝防御荣安带领；城内骑兵仅洋枪队200人，抬枪队100人而已，无论是战还是守，都相当困难。

1894年10月24日，当荣安得知日军已有万余人在花园口登陆并准备进攻金州时，赶紧派人向当时的金州副都统连顺报告。连顺一听，脑袋"嗡"的就大了。徐邦道对金州的防守也非常关注，收到消息后，尽管自己兵单势弱，但他在10月31日毅然带领拱卫军到了金州。

和连顺碰面后，两人经过商量决定：由连顺率部下200多人及两哨马队驻守金州，而徐邦道则率领他的拱卫军4营、炮和马队去石门子布防。

石门子位于金州城东3.5公里，是控扼金貔的大道，也是日军从貔子窝向南侵犯金州的必经之路。而石门子的优势在于，东依大黑山，东北邻近大黑山的台山，北则邻近大黑山的狍子山。地形险要，易守难攻。

到了石门子后，徐邦道先在台山和狍子山上修筑堡垒阵地，防守金州东路；同时，又从大连湾守将赵怀业那里请来人马作为外援，派往十三里台扼守金州北路。随后，徐邦道还派了拱卫军马队和荣安指挥营马队前往陈家店、石砬子和二十里堡附近侦察敌情。本来，他还打算派人前往貔子窝袭击日军，但因路途较远，兵力不足，最后不得不放弃。

▼ 金州百姓积极协助作战

徐邦道誓死抵抗日军侵略的决心和勇气，深深感动了金州当地的老百姓。他们积极行动起来：有的把自己家的耕牛和驴都牵了出来，套在战马旁协助清军往台山上运送大炮；有的向护守阵地的清军送饭送水。尤其是在战斗打响后，不少农民把生死置之度外，冒着枪林弹雨给清军做向导。

这其中，还发生了很多感人的故事：当时，在钟家屯西沟有钟振富、钟振祥两兄弟，为了救一名负伤的清军营官，冒着生命危险，把一匹战马送上台山，并亲自协助营官从响水寺沟突围出去。在金州城南街马家炉，年过花甲的铁匠马忠信带着自己的徒弟和全城的铁匠，连夜为清军赶制大砍刀。造出来的大砍刀，一部分送往前线，一部分用来武装城内青壮年。金州城里10多家烧饼铺,都通宵达旦忙乎着做烧饼,然后再派年轻力壮的青年,或用肩挑着,或用大车拉着,送到石门子前沿阵地,犒劳官兵。

▼ 刘家店陷落日军之手

11月2日,日军步兵少佐斋藤德明率领包括麾下步兵第十五联队第一大队(类似现代的一个营)、工兵大队和骑兵一个中队组成的支队,从貔子窝出发向金州进犯。当时,从貔子窝方向到金州城有一条金州大道,另外稍远处还有一条从复州前往金州的复州大道,日军选择了比较便捷的金州大道。

11月4日,日军到达刘家店后,远远地看见大概有50人的清军骑兵队伍。紧接着,后面又上来200多清军步兵。斋藤马上下令"枪击"。清军一听到枪响,也随即应战。但双方打了不一会儿,清军就因寡不敌众而被迫撤退。就这样,刘家店陷落了——这是自日军花园口登陆以来双方的第一次交战。

在双方激战的同时,斋藤又派了骑兵少尉山口毅夫率兵前往复州侦察清军情形。山口这个人很坏,一路上,他派兵割断了五十里堡与三十里堡之间的两处电报线,同时又四处打听前往复州大道的近路。

日本兵在割线的途中,有了"意外收获",抓住一个叫王清福的清骑兵,并从他身上搜出了不少书信。本来,这个24岁的小伙子还挺有血性,日本人反复询问,他只说两句话:"我是中国兵,要杀快杀。"他趁日本人不注意,企图撞死在路边的岩石上自杀。但他求死不成,又被日本人救了过来,还给他治好了伤。日本人花言巧语地劝慰他说:"你家里的父母都盼着你活着回去啊,难道你不想再见你父母了吗?"就这样,这个年轻的小兵不仅交代了他知道的清军部署情况,更要命的是,还把复州大道设防薄弱的消息告诉了日军。

得到重要情报后,日军的第一师团马上兵分两路:一路率兵绕走复州大道,企图迂回攻击金州;另一路则按照原计划继续走金州大道,以此牵制住正面的中国军队。

▼ 清军英勇挫败日军进攻

11月4日,斋藤德明派骑兵少尉小崎正满率领9名骑兵,前往大黑山进行侦察。当日军爬到半山腰时,突然从徐家山炮台方向冲出五六十名清骑兵。日军吓了一跳,仓促应战。由于日军手里有枪,清骑兵为躲避日军的射击,只能退走。就在关键时刻,又一支清兵从山下冲了上来。这时,日军的子弹已经打光了,没有办法想翻山逃跑。结果他们仰头一看:这山太高太险了!慌乱中,日军只好又硬着头皮挥舞着军刀,喊叫着冲向清军。双方经过一番激战,日军杀出一条血路,狼狈逃回了刘家店。

第二天,斋藤又率领一个中队,从刘家店出发往金州方向侦察。刚到关家

硝烟·大连战事

店后山,就被徐邦道的军队发现。徐军趁日军尚未站稳脚跟,从台山、钟家屯大道和韩家屯南山三个方向出击。日军再次受挫,逃回了刘家店。

与此同时,日本第二军第一师团的主力已经抵达金州城外的关家店附近。第一师团长山地元治、参谋长大寺安纯及其他一些师团参谋登山高处观察,发现拱卫军防御重点在石门子的狍子山、台山一带,他们一合计,决定避开石门子防线。山地元治命旅团长乃木希典率步兵三个大队的兵力到达刘家店,并用两个大队的兵力夹击50名清军骑兵。在这种情况下,清军被迫退到台山、钟家屯地区。

这时,日军第一大队开始向台山、钟家屯的清军发动进攻,第二大队则从金州大道向狍子山清军发动进攻,双方又厮杀在了一起。防守这一带的拱卫军左营营官林志才面对日军攻击,指挥拱卫军用大炮、步枪从两个堡垒向外连射,一时间弹丸如雨,日军被打得狼狈不堪,只能藏身山谷勉强和清兵作战。双方一直激战到下午1时,日军停止了进攻。

下午3时,乃木希典指挥日军再次向台山、钟家屯、狍子山清军发动进攻。林志才方面也指挥着清军猛烈还击。这场战斗非常激烈:炮火轰鸣,弹弹相击,硝烟弥漫……清军因为占据了地理优势,凭借天险,从高处向下俯射,战斗一直持续到晚上8时,日军仍无法取胜,被迫退出战斗,转到金州大道与复州大道之间扎营露宿。

▼ **台山失守,清军痛失火炮**

当夜幕降临时,白天震天的炮火和喊杀声,都被暂时湮没在漆黑的夜色中。林志才为防止日军偷袭,率全营将士在阵地宿营。透骨的寒夜,朔风凛凛,很多将士都昏昏睡去。而另一方面,忙碌了一天的徐邦道,依然拖着疲惫的身躯,

1894年11月,日军向金州方向进发,途经石门子,与清军发生激战

全面视察了十三里台子北越乾家屯乾河子到刘家店的阵地。他担忧地发现，日军的兵力十分雄厚，金州城恐怕危险。徐邦道连夜写信给大连湾总兵赵怀业，请求赵再派两营援兵。同时，又给连顺带信，叮嘱他要加强戒备。

当天晚上8时，日军第一师团长山地元治下达了进攻金州城的命令。

11月6日凌晨3时，日军开始总攻金州城。

为了拿下石门子高地，乃木希典一改此前的正面强攻策略，采用迂回合围战术：兵分两路从刘家店出发，向石门子进军。一路沿大路西进，另一路沿大黑山北穿越山谷进到核桃沟。

早晨5时，沿大路西进的日军已经抵达台山脚下。台山位于石门子北2公里，高约100米，与狍子山共扼金貔大道，是通向金州城的交通要道。此前，徐邦道命拱卫军在山上修筑了两座堡垒：第一堡垒配备克虏伯野炮3门、山炮1门，第二堡垒配备克虏伯野炮1门、山炮3门，驻有一营士兵，同时，拱卫军还在山东南葛条沟与背阴寨一带布防一营，与台山遥遥相对。

这时，乃木命令步兵第一大队从正面向台山进攻，第二、三大队和炮队、工兵队从核桃沟西南山和夏家沟南山两侧夹击台山。面对强敌，清军毫不畏惧，表现得十分英勇，坚决阻击。战斗中，一个叫牟道良的老炮手右腿受伤，血流如注，但他还坚持夺枪杀敌。最后，终因右腿流血过多，昏迷在血泊中死去。

尽管清军表现得非常英勇，但形势却不断恶化：开战没多久，日军就有两发炮弹落在清军的第一堡垒中，逼得清军退走，堡垒失陷；接着，第二堡垒也被日军攻破。

5时30分，台山失守。日军占领台山后，缴获清军大炮8门和大量弹药。

▼ 石门子失守，清军死伤惨重

同一天的早晨6时，山地元治则率兵从干河子出发，越过十三里台子，向南岗发动进攻。守卫此地的两哨清军表现英勇，奋起反抗。但在敌强我弱的形势下，清军的反抗显得特别无力。

乃木希典在攻克台山之后，随即与山地元治一起夹攻狍子山。林志才也毫不示弱，指挥清军奋勇抵抗，双方打得异常激烈。但很不幸，到最后，狍子山的清军在日军三面包围之下，死伤越来越多，战斗力也越来越弱。林志才见狍子山难守，为保存实力，不得不忍痛下令撤退，退至三里庄子与各营会合。至此，狍子山失守。

徐邦道苦战一夜后，也没等到援兵。他自知大势已去，便命令副官烧毁卷宗，带着残部退往旅顺。至此，石门子阵地失守，金州城外围没有了任何屏障。

大连湾"空城"终沦陷

❧ 交战双方
　　日军　清军

❧ 背景
　　金州是辽东半岛的咽喉要地，自古以来乃兵家必争之地。日本人认为金州是夺取旅顺口的第一要害。而旅顺沦陷后，日军便可长驱直入夺取直隶。于是，在这种情况下，日军在花园口登陆后，先成功取得清军石门子阻击战的胜利，进而夺取金州。

❧ 战况
　　1894年11月6日，日军集中兵力向金州城发起总攻。由于双方兵力相差悬殊，因此在短短两个小时内，日军就用重炮轰开了金州城的大门。随着金州城的陷落，大连湾的清守军不战而逃，大连湾成为一座无任何守备的空城，日军兵不血刃地夺取了此地。

胡慧雯

1894年冬天的金州城，饱受着战争的摧残。石门子阻击战后，日军毫不松懈，集中兵力对金州城发起猛攻。电影中那些炮火连天的场景，在现实面前，往往瞬间失色。金州保卫战中战斗的惨烈，不禁让人动容：炮火、烟灰、震天的嘶吼和成河的鲜血。满脸伤痕的士兵，拖着受伤的躯体，屹立在城头，拼尽最后一丝气力，想把侵略者阻击于城下。可惜，终因兵力不足而痛失城池。但最让人大跌眼镜的是，在接下来的大连湾战役中，守卫炮台的清军将领见"大势已去"，竟各自作鸟兽散，上演了一出"空城计"，使得大连湾这一重要海防要塞在兵不血刃的情况下，落入日军之手。

▼ 跪求援兵却碰一鼻子灰

曾有这样一个比喻：金州城斜伸向海，形如卷心荷叶卧波。百余年后的今天，金州也发生了翻天覆地的变化，是不是还像卷心荷，留给诸位各自评述。总之，在那个时候，金州城是旅顺口的门户，东北腹地通往旅顺口的必经之路——由此可见其地位的重要性。

不过，就是这么一个重要的地方，却没有引起清政府的足够重视。固然，金州城池牢靠，可驻防的军队却仅有两支：一支是金州副都统连顺所管辖旗内洋枪队200人、招募步队300人，驻金州城，马队2哨80人驻貔子窝；另一支是徐邦道的拱卫军步、炮、骑5营，分驻徐家山、金州城南北路。在战争爆发之前，守将们还是非常积极地准备迎战：他们在金州城墙的东、北、西北三面安装了13门大炮，城外又埋设了地雷。

不管咋说，连顺好歹也是带兵打仗的将官，不可能不知道靠自己这点兵力，和日军斗胜算很小。为此，他曾跑到大连湾，苦苦哀求当时大连湾的主帅赵怀业出兵帮忙一起抗敌。"苦苦"到什么地步呢？根据资料记载，为"跪求"——俗话说，男儿膝下有黄金，可见连顺能跪求，确实是充分认识到，此战关系生死。但赵怀业这个人卑鄙无耻，贪生怕死。别看他是个总兵，但根本没什么本事，而且手下的清军战斗力也很弱。当然，赵怀业也很有自知之明，知道自己到底有几斤几两，于是拒绝了连顺的请求。

事关重大，徐邦道也跑来帮着连顺说话。徐邦道语重心长地对赵怀业说："你别觉得金州城和你没关系。金州关系到旅顺、大连湾两地的安危，一旦金州城失守，你肯定没好日子过。所以，咱们应该齐心协力出击。"赵怀业手下的不少将领也纷纷进言，劝他派援兵去守卫金州城。经过一番苦口婆心的劝说，赵怀业碍于情面，勉强答应派兵两哨随徐邦道驰援金州。

待大家再劝，赵怀业急了，干脆扔下一句话："我是奉李鸿章的命令负责守卫炮台，你们要是实在想让我去抗敌，那就先请示李鸿章，只要他批准了，我就去。"

连顺和徐邦道一看，没戏了，只能非常失望地回去了。

▼ 日军大炮攻破金州城门

1894年11月6日早上8时，日军分别从复州大道、金州大道对金州城发起总攻。当时，驻守城中的是金州捷胜营，虽然不过几百人，但一点也不胆怯。将士们在城头上插满旌旗，连顺指挥清军400名步兵、骑兵80名，从三个城门杀出去，准备趁日军未站稳脚跟，给他们来个下马威。可惜的是，日军的兵力太过强大，清军根本不是对手。无奈，清军又陆续撤回城内。

8时32分，日军改用炮轰。他们集中了24门野炮、12门山炮，同时向金州城轰击。

当时，整个城内城外炮声如雷，子弹如雨点般飞落。城楼上的清军们个个表现英勇，他们用城里仅有的几门克虏伯行营炮进行还击。打到最惨烈的时候，同知（正五品，相当于现在的厅长）谈广庆被炮轰得坠落城下，两条腿受了重伤。而连顺也领着金州城的军民殊死防卫。他的衣服被枪打穿了，守城的士兵不知道被炮火炸死了多少，金州城头被将士们的鲜血染红……

尽管清军抵抗非常顽强，但他们的

日军炮击金州城，东门一带城墙成为残垣断壁

火力不如日军强，慢慢地，清军一方的火力逐渐被压制。大概经过50分钟的炮战后，日本军队里响起了冲锋号，日本兵们逼向金州城下。守城的清军士兵一看，眼睛都急红了，他们纷纷从城墙垛口射击，抵抗日军的进攻。

就在双方炮火对轰的同时，一小撮日本兵悄悄地摸到了金州城下。原来，金州城墙高达3丈多，一般人根本攀登不上去。于是，日军决定先用炸药把城墙炸开。同时，他们还分拨出人手绑扎云梯，准备万一爆破不成功，就改用梯子强行登城。在清兵密集的弹雨攻击下，日军工兵搬着炸药突进到金州城的北门永安门下。这一队工兵中，有个上等兵叫小野口德次，他一把火引爆了炸药。只听得"轰隆隆"的巨响，永安门的两扇城门迅速崩塌。另外，还有一小队日本兵，趁乱溜到城西的一角，利用墙砖的裂缝，愣是赤手空拳地爬上了3丈多高的城墙。然后，从里面将东城门打开，把日军大部队放进了金州城。

▼ 城池沦陷援军尚在半路

城门一开，清军立刻知道，大势已去。于是，很多人开始从金州城的西门和南门突围，向旅顺方向溃散。连顺也夹杂在逃亡的士兵中，跑了一段路后，他忍不住回头向金州城望去，感到自己的心都在泣血。

这时，还有少数的清军仍顽强地坚守在金州城内，与日军展开了最惨烈的肉搏战。最后，除了14人伤残被日军俘虏外，其余的都壮烈牺牲了。战斗一直进行到10时左右，金州城内的炮火声越来越小，取而代之的，是日本人的狂笑和欢呼声……

事后，经统计发现，日军此战共消耗炮弹596颗、步枪子弹87439颗，伤亡19人，以极小的代价攻占了金州。

金州城内战事正酣之际，终于寻思过味儿来的赵怀业率领驻守大连湾和尚岛炮台的步兵前往支援。不过，当走到金州城外时，赵怀业看到了一片溃退的景象。他"聪明"地意识到，金州没了，大连湾的后路防御失去了，炮台势必保不住了。于是，他马上指挥自己的手下转头往旅顺方向跑去。

再说连顺等人在逃至双台沟时，遇到了水师营防御官韩兴杲带领着400名士兵，手里拿着弓箭，正准备往金州支援。连顺苦着脸哀叹："不必再去了，金州城丢了，你们散了吧……"

最可恨的是，之前远在北京的李鸿章已经派了一队清兵到金州驰援。这队清兵的首领是大同镇总兵程之伟。可直到金州城沦陷，这位程总兵还驻扎在复州城，磨磨蹭蹭，就是迁延不前。

▼ 炮台群守卫军纷纷撤退

11月7日，挟攻占金州之势，日本第二军又向大连湾炮台发起攻势。

硝烟·大连战事

日军占领和尚岛炮台

这里先说明一下：大连湾炮台不是一个炮台，而是建筑在大连湾一带的多个炮台的统称。具体位置包括位于和尚岛的中炮台、东炮台、西炮台，位于老龙头的老龙头炮台以及黄山炮台、徐家山炮台，且这些炮台之间都有较远的距离。其中，位置最重要的当属位于大连湾中央的和尚岛的3座炮台。此前，为了强化大连湾海口的防务，这些炮台前沿的海中还密布有大量视发、触发水雷，整个大连湾海口的防御设施可谓是固若金汤。然而，大连湾炮台的固若金汤却有一个致命的弱点，就是必须是建立在后路没有威胁的前提上。因为大连湾炮台设计时的目的只是为了保证大连湾滨海地带的防务，所有的大型火炮都只能向海湾方向射击，无法转向身后，一旦背后出现威胁，如果没有大量陆军在后方提供防御保护，那整个炮台群对于陆路之地就只能束手无策了。

正是这个弱点，使得日军逼近金州城时，不少守卫大连湾炮台群的清军决定弃守。而且，当日军开始进攻金州城后，赵怀业率领和尚岛炮台的驻军去金州增援，更使得炮台群出现了兵力单薄、群龙无首的局面。所以，当一听到金州城陷落、大连湾炮台群失去后路屏障的消息后，各炮台的守军纷纷逃往旅顺。

▼ **日军兵不血刃占领港口**

不过这时候，日军对于大连湾炮台

内的情况尚不清楚,他们还十分周密地制订了进攻计划:表面上,派联合舰队出动大量舰只开赴大连湾海域,制造要从海上进攻的假象,意图牵制大连湾炮台的火力;实质上,是派步兵分别进攻各地炮台。

11月7日早晨,当日军杀气腾腾地逼近大连湾炮台群时,突然惊奇地发现,雄伟的炮台要塞内竟然上演了一出"空城计"。海防要塞就这样兵不血刃落入日军手中。而赵怀业部下因匆忙逃走而丢下的火炮以及大批炮弹、枪支、弹药、马匹和行帐等军储品也全部顺理成章地成为日军的战利品。

更让人无语的是,日军在和尚岛炮台附近的柳树屯水雷营内,居然还搜寻到了大连湾口水雷群的布置图。他们马上按图索骥清理出航道,让日本运输船大摇大摆地驶进大连湾卸载物资——从此,大连湾成了日本重要的军用物资转运港口。

金州、大连湾失陷后,清统治者震怒,连续颁发上谕:连顺被革职,对程之伟、赵怀业等严加议处。

土城子阻击战 清军首胜

❧交战双方

清军　日军

❧背景

旅顺是辽东半岛的战略要地，日军进攻金州、大连湾的目的就是为了最终夺取号称"东洋第一坚垒"的旅顺。因此，日本第二军在攻陷大连湾后便向旅顺方向进犯。当时金州至旅顺的唯一大道必经土城子，而这个地方丘陵起伏，便于清军埋伏，于是清军在这里与日军展开了一场阻击战。

❧战况

1894年11月18日，日军在土城子一带遭遇清军的顽强阻击。由于战斗爆发突然，日军没想到会在途中遭遇阻击，经过近一天的激战，日军终无力再战而被迫撤退。清军取得了此战役的胜利，士气受到鼓舞。但之后因补给不足，清军放弃了对土城子的坚守。

刘爽

有人喜欢山地丘陵的高低错落，有人喜欢平原的一望无际。

作为战场，显然山地更为适合。金州、大连湾相继失守后，1894年11月中旬，日军向着有"东洋第一坚垒"的旅顺发起进攻。但在从金州前往旅顺的必经之路上，日军却遭遇了意外一击。这意外一击，多亏了山地的"掩护"，如果是一望无际的平原，别说埋伏，就连靠近敌军的机会都没有。

在被视为旅顺后路外围最后一道防线的土城子，徐邦道率领埋伏在此地的众将士打了一场漂亮的阻击战。但遗憾的是，清军并没有固守此地，而是因补给不济退守旅顺，以至于之后土城子以及整个旅顺后路完全向日军敞开，让日军占领旅顺的行动更加"轻松"。

▼ 战争关键时刻统帅开溜

大连作家素素曾将旅顺口比喻成一眼深井，从这里下网，可以打捞半部近代史。事实的确如此，从1894年甲午战争开始，旅顺就成为世界的焦点。

金州保卫战失败后，各路清军纷纷撤至旅顺，其中包括徐邦道的拱卫军1400多人，赵怀业的怀字军1800多人，刘盛休部铭字军60哨400多人。当时在旅顺驻守的将领除了上述三位外，还有姜桂题、张光前、黄仕林、程允和、卫汝成5名统领。人看上去不少，但要命的是，这些将领互不统属，旅顺防务完全处于"群龙无首"的局面。

那旅顺水陆营务处总指挥龚照玙哪儿去了？答案是：跑了。没错，早在11月6日金州失守后，他既不请示上司，又不与诸将共商，便以"商运粮米"为名乘鱼雷艇逃往烟台，听说山东巡抚李秉衡要拘留他，又逃到天津去拜见李鸿章。他这一逃，后果很严重，本已人心浮动、谣言四起的旅顺清守军此时更是军心涣散。更可气的是，他的手下亲兵一看头儿跑了，竟开始动手抢劫公私财物。

这一消息很快传到李鸿章的耳朵里，他十分恼怒，即刻命令龚照玙回旅顺指挥作战，并警告他，如果再敢离开旅顺一步，必将严加惩处。龚照玙无奈，只得硬着头皮返回旅顺。

话说龚照玙这一路奔波回到旅顺还不知道要等到猴年马月，而日军随时都有可能进攻旅顺，总不能干等着他回来吧。于是，各总兵经过商议，公推姜桂题为统帅，旅顺驻军都必须听他指挥。那么，当时旅顺守军总共有多少兵力呢？粗略统计得知，旅顺守军合计约1.5万人，但其中1.1万多人为新招募的新兵，没受过系统训练，更谈不上有战斗力。

没啥战斗力的兵总比没有兵强，已经到了这一步，还是赶快商讨防守策略吧！姜桂题还是有作战经验的，他所选择的策略是分兵把守：命黄仕林庆字步队四营仍驻扎在旅顺口东海岸黄金山等炮台，张光前率庆字马队四营也仍驻扎在旅顺口西海岸威远、馒头山等炮台，姜桂题、徐邦道分率桂字军四营、拱卫军四营驻扎在旅顺口东线松树山、二龙山和东鸡冠山一带，程允和率和字步队三营驻守旅顺口西线案子山至椅子山一带，卫汝成率成字马队五营和连顺捷胜营一营为预备队驻守白玉山东麓和通往水师营的要道，从金州、大连湾撤回旅顺的赵怀业怀字步队六营则留守市区。

姜桂题深知，光靠这点兵力，根本无法阻挡日军的疯狂进攻，他和程允和等人不断向李鸿章求援，要求派兵增援，遗憾的是，均没有求来援兵。

▼ 日军从国内运来重炮参战

前面提到，日本第二军登陆辽东的主要任务就是要攻占有"东洋第一坚垒"之称的旅顺，继而消灭北洋舰队。为了打好这决定国运的关键一仗，日军进行了周密部署。占领金州、大连湾一带后，他们并没有急于向旅顺发起战争，而是在原地休整十天，似乎还在等待什么。

究竟在等什么呢？原来，他们考虑到在旅顺可能会遭遇大量坚固炮台之攻击，需要提高火力，所以当时在等待从日本国内运来的大炮。当然，在等待期间日军也没闲着，他们天天派骑兵到莺哥石（今英歌石）、营城子进行侦察，察看旅顺的道路、地形及驻军情况，并试图绘制旅顺地图，以方便日后作战使用。

日军在侦察旅顺地形的同时，还不断游说清军投降，一共写了两封劝降信。其中一封信是给徐邦道的，信中大意是：当日，我军一举攻下金州，将您和您的将士逼退至旅顺。如今，您手下将士不多，还多是新兵，如果与训练有素、拥有大量精锐武器的我军抗衡，想必胜负已定吧！战斗至今，你们军队从来没有胜过，这该不该理解为天意呢？如果您还固守这无援之地并不是良策啊！

当然，此信并未奏效。

此外，日军还在大连湾柳树屯水雷营栈桥等待即将运抵的大炮。11月16日是值得日本第二军激动的日子，这天，有一艘来自日本的运输船抵达柳树屯栈桥，准备用来攻克旅顺的大口径攻城炮运到了。

▼ 徐邦道率部设伏日侦察部队

随后，日本第二军迈出了进攻旅顺的步伐。除部分兵力留守在太阳旗飘扬的金州和大连湾外，其他的兵马全部向旅顺杀去。

清统领徐邦道是个很有远见的人，他不顾金州新败、军士饥疲的困难，率拱卫军在旅顺的交通要道——土城子一带埋伏。土城子是旅顺北部的一处高地，距旅顺约10公里，是金州通往旅顺的必经之路。土城子地形优越，道路两旁丘陵起伏，便于清军埋伏，有利于阻击日军。

徐邦道不仅率领自己的军队埋伏杀敌，还说服总兵姜桂题、程允和等人率各部清军共计5000余人，前往土城子设伏。11月15日，日军派骑兵少佐秋山好古率骑兵一大队及步兵两个中队，到土城子附近侦察地形，11时，在土城子南部高地与清军遭遇。日军没想到能在这个地方遇见清军，吓了一跳，仓促应战。而徐邦道军队却是有备而来，士兵奋勇出击，打退日军骑兵队，首战告捷。由于徐邦道的部队刚从金州战场退下来，行帐遗失，粮食匮乏，为了保持战斗力，无奈只好退回旅顺。

16日和17日，日军右翼总队又来侦察。让日军伤透脑筋的是，如此秘密的侦察行动又被清守军发现了，清军随即开炮猛攻，迫使日军退回营城子。

▼ 清军苦战一天将日军逼退

日军并不罢休，他们的目标是旅顺，怎么能在去往旅顺的道路上停滞不前呢？于是，11月18日早上，日军的骑兵队再一次来犯。日军指挥官秋山好古率骑兵200余人到达土城子附近，没想到清军马步队200余人早已占据南方高地，更没想到的是，清军的数量还在不断增加，不一会儿就已经增至五六百人了。

战争一触即发。程允和马上命令清军抢占双台沟西南高地，秋山好古见清军早有准备，想命令手下骑兵撤退，但为时已晚。当距日军约1000米距离时，吹起战斗号角，清军举着赤黄色的旗帜向日军发起进攻。清军人数众多，从西山来的步兵约有700人、骑兵200人，从前面冲来的步兵约1000人，从左边聚集的步兵约500人、骑兵50人，还有5门大炮，立即加入与日军激战的行列。

激战一开始，日军中队长浅川敏靖大尉就被清军

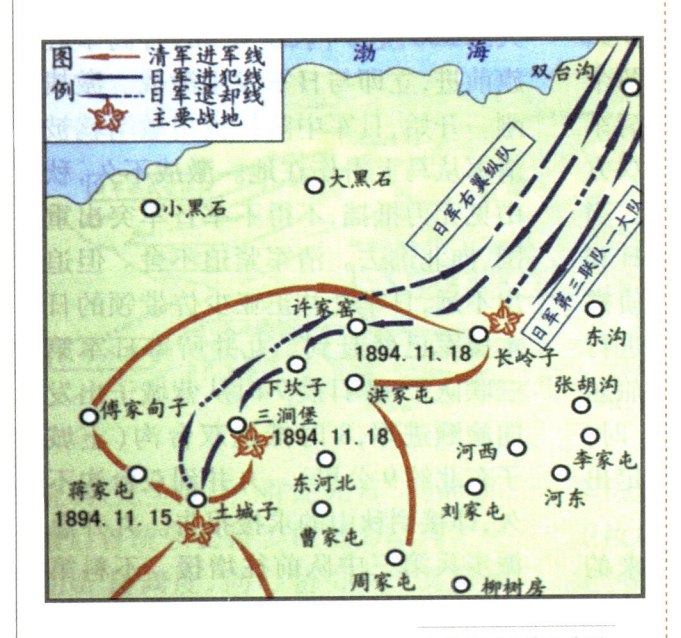

土城子阻击战示意图

从马上击伤在地，因被一士兵救起，侥幸保住了性命。随后，整个土城子一带枪声四起，杀声震天，炮声隆隆。人数处于劣势的日军根本无法支撑，被迫节节后退，向北突围逃去。清军紧追不舍，到了中午，日本一个步兵大队也到达战场加入战斗。但令日军惊恐的是，清军居然在山上架设起2门行营炮，他们抵挡不住猛烈的炮火，接战不久便开始向双台沟溃逃。直到下午日军先头部队的炮兵赶到进行火力支援，清军才逐渐停止攻击，战斗于下午4时结束。

▼ 粉碎日军不可战胜神话

战斗后，日军公布的伤亡情况为：共阵亡步兵中尉中万德次以下官兵12人，负伤的有步兵中尉三谷仲之助、骑兵大尉浅川敏靖以下32人，另有2人下落不明。

关于这次伏击战，一名叫川崎的日军二等军曹有一段比较详细的记载，大意为：我中队来到土城子村落，在观察敌情的时候，敌人出乎意料地打着红白、红蓝旗帜，如潮水般蜂拥而来。我中队啥也没想，立即开炮射击，敌人也开始反击，数小时内，炮声如雷鸣般震耳，子弹像雨点般纷飞，硝烟漫漫，敌我不辨。不幸的是，我中队的亘治助被炮弹击毙。我本想取下他身上携带的东西作为遗物带走，但敌军从左右和正面三个方向逼来，把我们包围了，结果还是没能拿到他的遗物。敌军据守河堤，敌弹如雨。他们的旗手举着蓝色旗子，距我们只有二三十米了，他们的阵势真的很难抵抗。中队长不得不下达了撤退的命令。我们一面撤退，一面抵挡敌军。四面都是敌人，敌弹像倾盆大雨一般。我军苦战的情形，实在难以形容。

在土城子阻击战中，徐邦道的拱卫军十分英勇，有进无退，气势如虹，把日军打得落花流水，不仅使数名指挥官殒命，还险些让他们成"袋中之鼠"，粉碎了日军不可战胜的神话。

遗憾的是，激战停歇后，清军因为补给不济还是退回了旅顺。至此，土城子以及整个旅顺后路完全向日军敞开，让日军占领旅顺的行动更加"轻松"。

石嘴子之战 清军难敌日军

❧ 交战双方

日军 清军

❧ 背景

在旅顺防线土城子之战遇阻后，日军虽有损失，但仍有能力集结兵力，筹备最后的攻坚战。看到日军步步紧逼意欲进攻旅顺，清军主动出击，在石嘴子山附近与日军展开了一场激烈的厮杀。

❧ 战况

1894年11月19日凌晨，日军兵分两路自营城子一带出发，右翼纵队进军旅顺西北的泥河子、碾盘沟一带；左翼纵队进至旅顺东北方向的龙头、姜家屯、吴家房一带。20日，清旅顺守军在石嘴子附近主动出击，5000多名士兵有百余人阵亡，而日军1300人中只有2人受伤。石嘴子之战，清军虽主动出击英勇杀敌，但受武器陈旧、弹药不足等因素影响，仍难逃惨败的命运。

孙立民

硝烟·大连战事

日军的铁蹄,自从踏破了辽东大地的宁静之后,便一路飞扬跋扈,直奔旅顺口而去。日军进攻金州、大连湾的目的,就是为了夺取号称"东洋第一坚垒"的旅顺。面对装备落后、组织涣散的清军,一路从花园口登陆,拿下金州、大连湾之后,在日军眼里,旅顺对他们而言,已属囊中之物。

1894年11月20日的石嘴子之战,日军凭借坚兵利炮的优势,以1300人对清军5000人的悬殊比例,撬开了旅顺的大门。

▼ 日军集结兵临旅顺

抢下他人之物,一直是日军最大的乐趣。

日本在明治维新后制定的对外侵略扩张政策中,将侵略东北乃至亚洲作为其大陆政策的核心。辽东半岛是中国东北的出海口,旅顺口是进出京津等地的咽喉要道。但日军第二军司令官大山岩认为,"旅顺坚垒,正面攻之,恐不能奏功,宜先选定其根据之地,而后冲其相背,以出敌不意也"。这也是日军没从海上侵犯旅顺,而从花园口登陆,从陆路进攻的原因。

回首日军进攻旅顺的路线,1894年10月,他们先抵达朝鲜的大同江。经缜密的调查分析后,将陆军和海军登陆地点锁定在了中国辽东半岛的花园口。后又攻打下金州,占领了大连湾,向旅顺的最后防线土城子发起了总攻。土城子之战,日军其实算是遭受了重创,但奈何当时通往土城子的陆路已被日军控制,3000多人的清军因无法保证吃饭、住宿问题,在取胜之后全部退回了旅顺。获得意外惊喜的日军,休整几日后,便于11月19日开始向旅顺进犯。

▼ 日军遭遇清军突然袭击

乌云压城、兵荒马乱,1894年冬天的辽东半岛格外寒冷。

这时候,日军的眼里可是放着光呢,眼看着旅顺就要到手了,他们又到了肆意烧杀抢掠的时候了。日军急匆匆地行进在被清军弃守的土城子一带,寻找着有利地形准备歇息。11月20日,日本第二军各部,除攻城炮外,已经全部到达旅顺外围的预定进攻阵地,大约有1300人。

20日上午,司令官大山岩在水师营以北、李家屯西北高地召集将领、参谋官等举行了军事会议,对旅顺之战进行部署。会议决定,为等待运输费时的攻城炮,对旅顺发起总攻的时间调整到21日,同时按大山岩的部署,右翼纵队将领担任旅顺之战的主攻,第一师团部队由土城子通往旅顺的大道西侧展开,进攻椅子山、松树山等炮台。右翼纵队进攻二龙山炮台;左翼纵队在旅顺东北方向展开,牵制清军部队。

为配合陆军的行动,停泊在大连湾的日军联合舰队,在得到总攻日期通报后也作出了相应的部署。就在20日上午的会议结束后,日军各部将校分别到各

104

高地上观察熟悉地形。日军第一师团长山地元治和幕僚等在石嘴子附近一处高地瞭望，突然看到黑压压一片的清军，一名副官慌忙叫喊道："不好了！清军来了！"

原来，这名副官在望远镜中看到，远方山谷中出现了上千名清军士兵，他们举着青黄赤黑各色旗帜数百面。日军未料到，在他们眼里溃不成军的清军，竟然还能主动出击，打到了自己的眼前。

▼ 清军与日军上演搏击战

土城子之战中，徐邦道、姜桂题、程允和等所率领的清军在连续作战近6小时后，因陆路供给不足的原因，退守旅顺。但这不是简单的撤退，而是一次以退为进的战略计划。之前与日军对峙中，清军连续败北，但他们心知肚明的是，李鸿章最在意的是旅顺，要是把旅顺给丢了，那自己的小命也就不保了。只要能固守旅顺，到时候北洋军舰回来，也能对付一阵子，说不定可以把日军赶跑。20日，徐邦道见日军真的逼近旅顺了，顿觉情况危急，于是决定主动出击，与日军决一死战。

20日下午，徐邦道率清军兵分两路向石嘴子山一带进袭。一路3000余人，自水师营以西龙盘山进发；另一路2000余人，由大道进发。清兵高举着数百面青黄赤黑各色旗帜，守军们也是士气高涨。到了石嘴子山，两路清军将日军步兵包围。

为应对清军的攻势，日军步兵第二联队在高地上分队散开，子弹上膛，枪口对准清军。依托山势作为掩护，他们露出头，半身藏在山石后。根据当时的步枪射程，日军军官命令士兵，必须等中国军队逼近大约500米时再开始射击。同时，日本炮兵迅速在高地上架设行营炮。下午2时，日军开始向清军发动炮击。日方炮兵加入后，旅顺陆路清军各炮台的射击也变得更为猛烈。

面对潮水般从山脚下仰击而上的清军，盘踞山头高处的日军显得有些紧张。在距离1000米时就控制不住开始射击，清军陆续有士兵倒下，后边的又纷纷跟上，冒着枪林弹雨继续前行。但清官兵的身体终究抵不过近距离射击的子弹，倒下的士兵越来越多，但誓死捍卫旅顺的士气却异常高涨。

日军面对来势汹涌的"人墙"，改为列队齐射。日军由军官预报距离，士兵一起开枪，这对阵形密集的清兵杀伤力很大。清军虽也有几门格林机关炮，却因更换弹夹不熟练白白浪费了时间，有些子弹还朝天射去。日军六七次齐射后，清军的先头部队就有些溃不成军了，只好从半山腰溃退而下。

▼ 骑兵出征终难抵日军枪炮

下午3时多，在石嘴子高地左侧的另一支清军军队，摆出了堂堂之阵。一队队白马骑兵列在阵前，跟随其后的是排列整齐的步兵,逼近日军阵地2000米时,清军开始射击。日军由于行营炮已完全架设就位,于是步兵停止射击,改用炮火向清军齐射。前三次射击时,炮弹大都在阵地上空炸响,清军未有多少人员的伤亡。面对猛烈的炮火,清军毫无怯色,仍然保持阵形前进射击。但紧接着的第四次炮击,炮弹终于在阵形内炸响,清军的阵形立刻土崩瓦解,士兵、马匹也溃败而逃。

旅顺守军在石嘴子方向发动的这次主动出击,清军终因炮火装备不足而败下阵来。清军5000多人不敌1300多人的日军,日军只有2人受伤,中国军队阵亡约100人。

从战场退下的清军陆续退回旅顺后路的守卫线后,松树山、二龙山、鸡冠山等炮台的大口径火炮再度鸣响,向日军行营炮阵地倾泻怒火。轰隆声震耳欲聋,水师营、旅顺口一带上空,光景甚是惨烈。但只有一颗炮弹近距离落在日军火炮阵地上,距离行营只有八九米之遥,日军恐慌过后惊讶地发现,这颗中国炮弹居然没有爆炸。

日军作出攻占辽东半岛的战略时,就是借清军的北洋舰队整装在旅顺休整而无法出征的机会,完成对辽东半岛的占领野心。日军在花园口登陆后,攻占金州,实质上已经切断了旅顺的后路,所以石嘴子之战,清军损失惨重而日军几乎毫发无损,这也让日军看到占领旅顺的曙光。

▼ 弹药不足清军溃败

"工欲善其事,必先利其器。"出自《论语》的这句话,道出了清军一而再、再而三不敌日军的根源。日军在陆路攻打旅顺的节节胜利,和清军士兵缺乏训练、装备极其落后,脱不了干系。旅顺的陆路、海陆炮台大小加一起十几个,看似威武,但炮台设置的各类口径的火炮,都存在严重的弹药供应问题,就是无法从国外获得开花弹。国内的兵工厂又没有开花弹的制造能力,因而所用的弹药几乎都是不能爆炸的实心弹。说白了,没有炮弹的炮台,就是一个摆设。

如果在海上作战,用实心弹攻击敌方军舰,或许还有一点作用。如果击中敌舰的水线以上,还有致敌死命的机会。但在陆地作战中,用实心弹攻击潮水般涌来的地面步兵,简直就是冷兵器时代抛石机的效果了。只能祈祷炮弹能够直接砸死敌兵。旅顺清陆军炮台的操作士兵,几乎完全是新招募的新手,加之炮术低劣,炮弹无法爆炸,威力巨大的德国克虏伯后膛大炮在这里的威力也大打折扣。

海陆炮台失守 旅顺城沦陷

孙立民

❧ 交战双方

日军 清军

❧ 背景

旅顺炮台一战，是日军攻打旅顺的最后关卡。当时旅顺清兵总兵力约14000人，但其中1万多属临时招募的新兵，未受过训练。虽然炮台坚固无比，但因弹药匮乏、指挥不力等诸多原因，导致了旅顺炮台之战，以清军完败告终。

❧ 战况

1894年11月21日晨7时，日军向旅顺发起进攻，至傍晚战斗结束。一天之内，清军旅顺保卫战彻底失败。日军攻占旅顺，亦付出一定的代价，据日本统计，日军死40余人，伤241人，失踪7人，死伤失踪合计288人。清军伤亡约2500人。但历史专家称，这是缩小日军伤亡、夸大清军伤亡的数字。

硝烟·大连战事

1894年11月21日，寒风萧瑟。晨曦中，正在沉睡的旅顺口，便迎来了震耳欲聋的厮杀声。李鸿章经营旅顺14年，耗资数千万的船坞、炮台、军储的实力为北洋军之首，在这一天之内，几乎全部沦陷。

战争中的退让，几乎等同于投降、认输。但与日军越战越勇不同，清军在与日军的对峙中，越来越清醒地认识到：退，几乎是他们唯一的出路。退到旅顺口，至少还有几十座高大的炮台做最后的救命稻草，至少还有上万的将士一起拼命一搏。

可惜天不怜人！退到背水一战的关口，那黑洞洞的炮台，却未能挽回大清帝国颓势的宿命。

▼ 日军首攻椅子山炮台

有"山列屏障"之优势的旅顺口，依山而建的炮台，无声地镇守着旅顺的防线。现如今，旅顺几座炮台游人如织，在炮台上瞭望，能把旅顺的美景一览无余。但在100多年前，这坚固的炮台上，却是硝烟弥漫、杀声震天。

在旅顺石嘴子之战中，日军以少胜多，轻松击退清军。之后，日军开始对旅顺这个堡垒做最后的进攻。炮台是旅顺城的命脉，也是清军背水一战的救命稻草。当时旅顺北面有9座炮台，呈半月形拱卫着旅顺的后路。东西海岸炮台亦9座，各炮台之间，"脉络贯通，首尾相援，恰如常山蛇势"，制敌优势不小。

椅子山炮台是日军的第一个攻击目标。日军为什么选这个炮台？一是因为椅子山炮台位于高大的椅子山上，从此可俯视其他炮台。二是这是座临时炮台，仅配备1门90厘米口径野炮和1门机关炮，火力不强，且距其他炮台又远。

1894年11月21日零时，日军第二旅团乘黑夜由石嘴子宿营地出发。早晨6时，日军按计划对案子山炮台实行第一阶段进攻，战斗分别在椅子山、二龙山、鸡冠山三处开始打响。日军步兵在40余门山野炮炮火的掩护下，对椅子山炮台发动进攻。当日军接近炮台3000米时，清军对其进行还击。面对来势凶猛的清军子弹，日军只好停止正面冲锋，转去集中大炮数十门，对椅子山进行交叉轰击，步兵向椅子山两侧迂回前进。等日军靠近炮台时，清军投掷石头或以枪射击，双方展开肉搏战。清军虽然英勇，怎奈武器落后，激战中显得势单力薄，炮台于6时35分失守。

8时多，案子山、望台两炮台，以及在其山麓小丘上的前军左营，几乎同时被攻陷，落败的清军大部队也只好退往黄金山炮台。

▼ 松树山、二龙山、东鸡冠山接连败北

日军占领椅子山、案子山炮台后，混成旅团以全力进攻二龙山炮台和二龙山左侧的炮垒。日军先用炮火猛烈轰击清军，清军也发炮还击，炮声雷鸣，硝烟弥漫。当日军步兵开始进攻时，清军的炮击更加猛烈，炮弹落在日军周围。

日军进到旅顺以北的山谷之间，清军立即以步枪射击，迫使日军暂时停止了还击。

清军掌握了主动权，日军就不得不转移阵地，开始炮击。清军也不赖，炮台上的火力从三个方向一齐向日军的第一、三两个大队进行猛烈轰击。可最后，清军还是抵挡不住日军火力，松树山也失守了。清军退向二龙山，11时30分，二龙山炮台也被日军控制。

松树山战斗开始的时候，东鸡冠山战斗也已打响。21日上午8时50分，日军左右翼纵队第十四联队在联队长益满邦介带领下，进攻东鸡冠山。为狠狠打击日军的进攻，防守东鸡冠山的徐邦道进行了严密的准备，将各地炮台不断加高加固。日军的山地元治中将也调来步、炮各队增援，日军火力增强。结果清军腹背受敌，不得不退出东鸡冠山炮台。之后，大坡山、小坡山的炮台及蟠桃山临时炮台都接连失陷，清军旅顺口后防线的东西部防线，全线崩溃。

▼ 海陆炮台全部失守

第二阶段战斗主要在旅顺海岸炮台和市区内进行。随着旅顺背后各炮台的陷落，日军实现了从陆路进攻旅顺的目标，剩下的，就是面向大海的炮台还未得手。海岸炮台中，以黄金山炮台最为坚固，所有大炮都可作360度旋转，四面八方都可以射击。日军第二联队长伊濑知好成大佐奉命攻打该炮台。

黄金山炮台的失守有些戏剧性。当时防守炮台的是总兵黄仕林庆字军1600余人。这个黄仕林是个贪生怕死之辈，当日军逼近黄金山炮台时，黄仕林见旅顺后路炮台已失，不等日军来攻，率先换上便服，由崂峁嘴炮台乘船逃走了。

将领没了，将士们自然人心惶惶，有的忙不迭地跟着逃跑。但也有部分爱国清军不畏强敌，一直坚持到傍晚5时许，最后看到胜利无望，才被迫放弃炮台。至此，东岸炮台全部失陷。当天晚上，西岸炮台尚在清军手中。22日凌晨，日军开始向西海岸各炮台发起进攻。此时清军已寂无人影，偶尔看见几个残兵，三五成群地向西南退去。9时30分，日军全面占领了西海岸各炮台。至此，旅顺之战，以清军失败而告终。

没料到胜利来得这么容易，占领海岸炮台的日军先头部队没带日本国旗，于是便用中国士兵的鲜血，在白布上描画，然后举着用人血染成的太阳旗，在硝烟未尽的炮台上，放肆地号叫。

▼ 旅顺大屠杀

惨无人道的屠杀行为

1894年11月21日，日军攻入旅顺之后，随之开始在旅顺城乡中，对手无寸铁的无辜百姓进行了大规模的屠杀暴行。从21日午后到25日，共屠杀中国军民2万余人。旅顺，变成了一座愁云惨雾，哀号遍野的死城。

关于此次大屠杀的起因，日军声称，在攻入旅顺市区后，发现有中国军人脱下军装混迹于百姓中，以及中国百姓家中都藏有武器，出于战事需要，才有屠杀一事。对日军这一借口，当时外国记者回击道："作为一名目击者，我敢肯定地说，那些可怜的旅顺港人民，没有任何抵抗入侵者的企图。日本人现在声称子弹从窗户和门向外射出，事实上，这个说法是彻头彻尾的谎言。"

日本大屠杀中的幸存者苏万君当时仅8岁，他亲眼目睹了日军残杀百姓的罪行。1977年，苏万君老人接受调查时说："日本人打进旅顺那天，我正在旅顺赵家沟姑姑家里，第三天，我姑父也被日军用绳子绑起来带走了。看见大医院前（今旅顺海军后勤部门前）日本兵把抓到的许多人用绳子背手绑着，十几个人连成一串，拉到水泡子边上，用刀砍一个，往水里推一个。不一会儿，满地都是尸首，到处都是血。"

对这一场惨绝人寰的屠城行为，直到今天日本仍讳莫如深，不承认上级军官下达了屠杀令，甚至不承认旅顺屠杀这一事实。但从战后发现的日军回忆录、外国记者报道等相关记载可以看出，此次屠杀绝非军中个别士兵的"违纪"行为，而是由攻城主将下令，日军司令官同意或默许后，日军进行的有预谋、有计划乃至有组织的大规模屠城暴行。

日随军记者记录屠杀

约2万名中国同胞被屠杀，并将其尸体焚烧后，日本当局将骨灰葬于现今万忠墓处，坟前立一木桩，写有"清国阵亡将士之墓"的字样，借以掩人耳目、欺骗世人。关于日军屠杀行径，日本的随军记者甲秀辅在《第二军从军杂记》中记载："旅顺街头，所到之处尸陈遍地。有的身首异处；有的则被砍去半个脑袋；有的脑浆溢出；有的则肠肚外露；有的眼球迸出；还有的被砍去胳膊或被炸碎腿骨而倒毙在黏稠的血摊中。见之，令人毛骨悚然。"

日军步兵窑田中藏在《从军日记》中写道："看见中国兵就杀，看到旅顺市内人皆屠杀，因此道路上满是死人，行走很不方便，在家里住的人也都被杀，一般人家也都有三人到五六人被杀，流出的血使人作呕。"

世界各国谴责日本屠杀野蛮行径

对于日本军队的如此暴行，美国《世界》记者克里尔曼报道了日军旅顺屠杀情形。他在11月24日（日军攻占旅顺后第四天）发回国内的一篇通讯中说："在旅顺港能够找到的居民几乎都被屠杀了，日军屠杀手无寸铁没有抵抗力居民的活动，一天天地延续着，直到街道被残缺不全的尸体阻塞为止。"

"我看见一个男人跪在日军面前乞讨怜悯，结果被用刺刀刺倒在地，头也被用刀砍了下来。另外一个中国男人畏缩地躲在角落里，一小队士兵用枪弹将其打得粉碎。切身感受日军的残暴。"克里尔曼谴责说："日本是披着文明的皮，而带有野蛮筋骨的野兽。如今日本已经摘下了文明的假面具，暴露出了野蛮的真面目。"

旅顺失陷同日 清军反攻金州

张洪骏

❧ 交战双方
日军　清军

❧ 背景
1894年10月24日,侵华日军2.4万余人在庄河花园口登陆,揭开甲午中日战争金旅战役序幕。11月3日,日军第二军第一师团由貔子窝出发进犯金州。11月6日,日军从东、北两面进攻并夺取金州城。守城清军400人与日军血战,大部分壮烈殉国。日军纵兵进城大肆奸淫烧杀。11月21日,日军总攻旅顺,同一天,宋庆回师反攻金州城。

❧ 战况
据日方记载,清军反攻金州先后打死日军9人,其中军官1人、士兵8人,打伤士兵46人。清军也付出惨重代价,日军清点战场时发现清军尸体503具。清军左营营官刘锦发、正营守备周文德、洋炮营千总朱太成、千总韦本礼、哨官把总刘金德、正营哨长刘世科、差官守备卫举烈,都先后中弹英勇牺牲。虽然清军反攻给日军以沉重打击,但金州反击战最终仍以清军失败而告终。

硝烟·大连战事

金州、大连湾相继失守，清廷朝野震惊。

1894年11月21日，在日军向旅顺口发动总攻的同一天，为夺回战略要地金州城，宋庆的毅军、刘盛休的铭军、程之伟的大同军和连顺的捷胜营联合，乘机向金州发动了反攻。

不过，就在双方激战时，日军攻入旅顺的消息传到金州。日军士气倍增，越战越勇。清军终于坚持不住，从占领的高地上后撤。宋庆得知旅顺已经被敌人攻陷，日军又从旅顺派兵赶回金州助战，不得不放弃了反攻金州的打算。

▼ 清军回援部队遭遇日军

宋庆，字祝三，1820年出生于山东蓬莱。因被赐号"毅勇巴图鲁"，其麾下军队被称为"毅军"。1880年，宋庆奉命会办奉天（今沈阳）防务。1882年，他率毅军驻防旅顺，到甲午战争爆发，他在旅顺驻防达12年之久，并督军修建了陆防案子山、椅子山、二龙山、鸡冠山、松树山等9座炮台。

1894年9月20日，清廷任命宋庆为帮办北洋军务，节制铭军、盛军、奉军、芦榆防军。甲午战争爆发后，宋庆率军从旅顺赴鸭绿江驻防，鸭绿江之战失败后退守凤凰城（今凤城市），后退守摩天岭。

日军第二军自辽东半岛登陆，图谋进犯金州和旅顺时，金州、旅顺地区因刘盛休等人部队东调，兵力空虚。1894年11月初，清廷急电宋庆火速率军回援金州、旅顺地区。当时，宋庆正在摩天岭一带的大高岭截击日军，阻止日军从东路进犯辽、沈地区。

接到清廷电令后，宋庆留下聂士成和吕本元、孙显寅的盛军驻守大高岭，又电裕禄商议，派两营军队到新开岭和潘家大岭一带，与聂士成等人协同防守。11月7日，宋庆亲率分统马玉崑、宋得胜、刘世俊等毅军步队10营将士启程，3200多名毅军精锐由海

宋庆

（城）盖（州）大路驰援金州。

11月18日，大军行进到普兰店北部，与刘盛休（该部前驻大连湾，9月奉调至鸭绿江，亦奉命回师）的铭军4000余人、程之伟（该部亦奉命支援金州，此刻尚滞留在复州）的大同军2000余人会合。会合后，宋庆率毅军和铭军继续南下，程之伟的大同军跟随在各军后面，联络策应。

11月19日，宋庆、刘盛休率领军队抵达长兴店，这里距离金州城只有35公里之遥。宋庆派出的侦察兵这时已经到达李家集。在李家集，毅军先头部队遇到日军五六十人。

双方随即发生战斗，4名日军被击毙，毅军2名骑兵阵亡、3人受伤。而铭军由西路前进，到距离金州50里的龙口时，遇到日军10多名侦察骑兵，击毙2人，俘虏3人，还夺得战马3匹。

当天，宋庆还派游兵到亮甲店、沙家屯一带，袭击日军留守的兵站和通信所。一些日军守备官兵被俘虏，貔子窝通往金州的电话线也被截断，金州以东的各日军兵站被迫全部撤逃，通信联络中断。

▼ 日调兵遣将到城外防守

趁日军立足未稳，马上反攻金州，无论从战术上还是战略上，都是一招好棋。

1894年11月20日，清军逼近金州。宋庆认为："现在金州城外有以前铭军构筑的堡垒工事，城墙高，壕沟宽，现在日寇龟缩在城中防守，加上有城上的大炮互相呼应，军队很难进攻。现在只有重金悬赏挑选敢死队员，冒险冲锋。这样各路大军一起夹击，才有可能攻下金州城。"

当天，宋庆将军队分成两路，一路从三十里堡沿金（州）复（州）大道南进，一路从三十里堡向西南，经梅家屯、大莲泡，沿西海岸前进。当晚，两路兵马先后抵达二十里堡、十三里台子、大魏家屯、东田房身、后石灰窑子一带，安营扎寨，构筑工事，准备反攻金州。

沿途百姓看到清军前来反攻金州，无不夹道欢迎，送粮送水，这给宋庆的军队以很大鼓舞。连顺听说清军反攻金州，也从复州赶到金州，召集附近乡民，做玉米面饼给士兵携带，当作干粮充饥。

因为日军第二军从金州出发进攻旅顺，在金州城内只留下步兵第十五联队的两个大队共1200余人，在联队长河野通好大佐率领下防守金州城。当日军获知清军将于21日反击金州的消息后，一面频频向正在进攻旅顺的第二军司令官大山岩告急，一面调兵遣将，进行迎战准备。河野通好把日军步兵第十五联队第一大队从南门外和苏家屯等防地撤回，布置在城北虎头山至龙王庙一线。又把第二大队从城内调到城东北高家甸子一线（西至北门外，东至三里岗子西北山头），布成半月形的防御线。同时，河野通好又调出两个步兵小队，一队调到城北单家洼子西南山，另一队调到城东石门子，设置前哨防线，以监视貔子窝大道和兵站的交通线。这样，日军留守在金州的一个联队兵力几乎全部调到城外，城内仅剩第六中队和一部炮兵防守。

河野通好还将在金州得到的4门克虏伯炮安置在城头上，以御清军攻城。

▼ 攻城受挫左翼铭军撤退

战争在双方都有了充分准备的情况下打响，不过对于阵地攻防战来说，防守的一方占据着巨大的地利优势。

1894年11月21日9时20分，宋庆指挥清军举旗聚集于十三里台子，然后兵分两路逐渐向金州城进逼。

针对日军的防御部署，宋庆派遣铭军分统龚元友率三营为左翼，大同军随后，沿金复大道跨过十三里台子南岗。毅军分统马玉崑率四营为右翼，嵩武军随后，沿西海岸进西石门子。龚元友的三营兵进至城北九里庄子后，又分为两队，左队沿单家洼子向东南进兵，右队沿北八里庄子向西南进兵。两队几乎同时于中午12时50分到达攻城阵地。

铭军和大同兵率先向日军左翼第一大队防线冲击，清军以散兵队形和侧面纵队行进。清军分散展开，漫山遍野，旌旗招展。

龚元友亲率左队，首先击溃守御在单家洼子西南山上的日军大中大尉的一个小队，夺取了日军的前哨阵地。继而向南占据了阎家楼和三里岗子东南山头，控制住制高点，猛攻日军第二大队第五中队阵地。在铭军的火力威逼下，守御在东石门子和三里岗子西北山头上的日军狼狈不堪地败退下去。铭军乘胜追击，眼看快追到城壕边上，河野通好调上来的支援部队赶来，把铭军挡了回去。

清军远道轻装而来，没带重炮，而日军据城防守，枪炮皆备。铭军损伤严重，火力渐弱，15时，铭军左队退出阵地北撤。

铭军右队13时20分逼近虎头山北，依据地形找好掩体，与虎头山一线的日军第一大队对射。两个多小时后，见左队铭军败阵，也向北九里庄子方向退去。

▼ 旅顺失守日军士气大长

如果能够拿下金州，甲午战争的历史可能由此改变，但是历史没有那么多如果。

战场上，向日军左翼发动进攻的清军步兵约4000人，进攻日军右翼的清军也有3000多人，还有300名骑兵。

当铭军进入阵地交火不久，马玉崑带的四营士兵也从西石门子进至龙王庙张家屯，占据高地与防守在龙王庙东西山头上的日军激战。清军不顾日军枪弹的狂射，奋勇前进，逐渐登上日军占领的高地，并将日军少尉平野永次击毙。防守右翼阵地的日军虽然拼死抵抗，但也难以阻挡清军的进攻。

河野通好见势不妙，马上令第八中队的一个小队增援右翼。同时，守在金州城内的日军也用火炮拼命轰击清军。

清军乘机分一部向徐家山（今大连金州新区炮台山公园）方向冲去，但此时日军已顾不上徐家山方向，将主要精力放在对他们威胁最大的右翼上。为了减轻压力，日军又将守备城内的第六中队的两个小队也派去支援右翼高地。

13时30分，双方激战正烈时，日军攻入旅顺的消息传到金州，日军士气倍增，越战越勇。清军终于坚持不住，从占领的高地上后撤。日军第八中队的另一小队自侧后乘胜追击。

宋庆得知旅顺已经被敌人攻陷，日军又从旅顺派步兵第一旅团长乃木希典率兵赶回金州助战，不得不放弃反攻金州的打算。1894年11月24日，清廷上谕，令宋庆放弃金州，撤回海城、盖平、辽阳等处。当天，宋庆率军退回普兰店以北；27日，退至熊岳。清军金州反击战结束。12月，金州副都统连顺被革职。

金州反击战，清军奋勇向前，表现非常勇猛。不过由于清军轻装行动，没带重炮，而日军坐城防守，枪炮皆备，从城头上发射的炮弹造成清军很大伤亡。而旅顺失陷的消息则成为重要影响因素，消息传来，日军士气大振，而清军则失去斗志，只能无奈撤军。

▼ 日军占领复州大肆掳掠

在守住金州之后，后来成为日本"军神"的乃木希典亮相了。

1894年12月1日，日军第二军攻占旅顺后，大山岩决定将第二军司令部移驻金州城，并派日军第一旅团长乃木希典率军北上进攻复州。

同日，日军步兵第一联队长隐歧中佐率步兵第一联队、骑兵一中队和山炮兵一中队由金州出发。当天到达五十里堡，次日到达普兰店，3日进驻三官庙，5日到达马关子后，准备于6日进攻复州城。

但这时的复州却早已空无一兵一卒了。原来清军大队自金州撤往盖平后，驻守在复州城内的知州高乃昕、守尉盛恒因无兵无卒，自知难与日军抗争，便于12月3日弃城出逃。12月6日13时，日军兵不血刃占领复州城。8日，乃木希典进驻复州城。

日军占据复州城后，在进驻复州的各部队之间划定防区：南门由日军第二大队八中队驻守；北门由第三大队十一中队驻守；西街由骑兵驻守；东门由第一大队三中队及炮兵驻守；本部设在东门内水源当铺。

为了解决军需不足问题，日军对当地居民进行大肆掳掠。据记载，日军在占据复州城的当天，便将复州城门紧闭，禁止行人出入，并派出3个中队组成征发队，挨家挨户进行掳掠抢劫。凡是粮食谷物、食糖、蔬菜、毛皮及其他御寒衣物、日用物品等无不在掳掠之列。全城百姓被掳掠一空。

向野坚一、龟井兹明在日记里记录了日军向复州人民"征发"的情况。向野在12月6日日记中承认：日军"在各处征调军用品"，从居民的"仓库取走四草包白糖……征调的物资集中在本部，堆积如山"。龟井在12月6日的日记中记载称，"严把城门的出入，清人只许进，不许出。支队长命令征用米和砂糖，其他食品以及防寒衣类"。12月7日记载，"因征用任务尚未完成，今日仍然继续征用，征用的物品都堆积起来，装载于马50驮、牛车1辆，其余的装不了的全部都扔掉"。

大连人民痛击侵略者

☙ 交战双方

中国百姓　日军

☙ 背景

1894年10月24日，侵华日军在庄河花园口登陆，不到一个月的时间，日军占领了旅顺，滥杀手无寸铁的和平居民约2万人。此间，当地人民也加入战斗。为增加清军战斗力，仅九、十两个月，大连就有3000多名百姓加入清军。

☙ 战况

由于当地百姓抗日斗争多是自发性、分散性的，没有造成大规模杀伤，但也用手中的铁锤、斧头等工具杀死了不少日军。

刘爽

一方野蛮入侵，一方避而不战。

光绪二十年（1894年），日军发动了侵略中国的"甲午战争"。由于清政府腐败，一味妥协退让，致使清军丧师失地，先败于朝鲜，后败于辽东，北洋舰队亦全军覆没。

官兵弃战逃跑，百姓奋起抗敌。

为抵御日军侵略，辽东半岛人民自发行动起来，为清军通风报信，以铁锤、斧头、砍刀、扁担等为武器同敌人进行殊死搏斗。

▼ 村民夜袭炸毁日舰

1894年10月24日，在一片宁静的夜色中，日军大摇大摆地在花园口登陆，没遭到清军任何阻击。但当地民众却不愿坐以待毙，自发地进行抗敌斗争。

日军登陆的当天夜里，有2艘日本船只被毁。据当地人说，有一村民携带炸药，趁黑夜驾小舢板靠近一艘敌舰，摸到舰上进行爆破，使其舰体着火沉没。另一艘日舰在惊慌失措中起锚搁浅。

花园口老一辈中流传着这样一个传说：日舰着火的那天晚上，西北风刮得很大，熊熊的火焰随着西北风升腾起十几丈的火光。日舰上的兵马被烧得乱成一团，有的烧死在舰上，有的挣扎跳海溺水而死，舰上弹药发出一连串轰隆隆的爆炸声。数天后，被烧死的日军尸体在海岸被人们发现。

俗话说，射人先射马，擒贼先擒王。炸军舰不足以挫败敌人的锐气，那就刺杀他们的头目。有3名铁匠探知，日军司令官大山岩登陆后在丛家堡子过夜，于是决定趁夜间防范放松之际将其杀死。

10月27日夜里，3人按约定刚想行刺时，不料被敌人哨兵发现，随即展开生死搏斗，最终寡不敌众，被敌兵押进日军司令部。3名壮士受审时坚贞不屈，敌人毫无所得，将他们杀害。

▼ "红枪帮"伺机杀敌

1894年11月3日，日军斋藤德明少佐率领第二军第十五联队、骑兵第一中队、工兵第一大队向金州亮甲店、陈家庄、刘家庄一带进犯。陈宝财得到消息后，立即率领"红枪帮"埋伏在金州城东凤凰山下落凤沟。当日军先头部队到达后，"红枪帮"发起突然袭击，日军措手不及，仓促应战，有10人被击毙，其余仓皇逃窜。

陈宝财是何许人也？他是河南人，在同治三年（1864年）太平天国运动失败后，因其父曾参加捻军起义牺牲，被迫随母亲、叔父逃至山东，后辗转至金州，在城东曲家村以种地为生。陈宝财是个硬汉子，甲午战争爆发后，他出于民族义愤，组织起四五十人的"红枪帮"，日夜操练，伺机杀敌，保卫家园。

遭受伏击的日军很不甘心，调集大队人马，将"红枪帮"围困在落凤沟。"红枪帮"的弟兄们喝泉水、食草根，在极端困难下坚持战斗，终因众寡悬

日军在金州运送伤员

殊,陈宝财等人全部牺牲。

陈宝财的英雄事迹被当地群众记在心里,为了纪念他英勇抗敌,战后,当地群众为其树碑。

▼ 塾师阎世开宁死不屈

日军向旅顺方向进军,沿途清军虽进行过几次抵抗战斗,却始终没能阻挡日军的进攻。日军先后占领了金州城和大连湾,随后,于11月17日,以骑兵第一大队及第六大队的第一中队组成搜索队,由第一师团本队及混成第十二旅团组成右翼纵队,以步兵第十四联队及部分骑兵、工兵、炮兵组成左翼纵队,分三路向旅顺进犯。

搜索骑兵队和右翼纵队经南关岭、南三十里堡、牧城驿、营城子等地,进攻旅顺后路椅子山、案子山、松树山一带。当日军搜索队进犯到南关岭时,抓到了不愿离家避难的塾师阎世开。

阎世开,字梅一,金州城南三十里堡三道沟(今大连市甘井子区南关岭街道中沟村)人。清咸丰年间生于贫寒的诗书门第,家中三代以教书为业。阎世开继承父业,因材施教,对家境贫寒的学生免收学费,在百姓中有良好的口碑。

日军占领金州城后,乡亲们纷纷背井离乡逃难而去。阎世开目睹国破家亡、人民流离失所的惨状,强忍着心里的悲愤,不愿离去,结果被日军搜索队抓获。日军为向旅顺进犯,让阎世开为其带路。

日军先以重金为诱饵贿赂他,当阎世开了解他们的意图后,不仅不为所动,反而愤怒异常,因语言不通,他挥毫写下:"你们无缘无故侵犯我辽东,炮轰我乡里,枪杀我同胞,像这样的残暴行径是古今没有的。你们不以为耻,反以为荣,还以金钱诱惑我,让我丧尽天良,实在令人百思不解。我是堂堂大清子民,怎么会为你们卖命。"

日军头目见利诱不成,便以死亡威胁。阎世开继续以笔痛斥道:"倭奴!先用金钱诱惑,再以死亡威胁，真是卑鄙至极，可惜我手无寸铁，不能与你们血肉相搏，我心意已决，宁做中华断头鬼，勿为倭奴屈膝人。"恼羞成怒的日军残忍地将阎世开杀害。

▼ 铁匠手握铁锤砸死6名日军

11月21日傍晚，日军攻陷旅顺口，随即开始了惨绝人寰的大屠杀。面对侵略军的屠刀，旅顺各阶层人民奋起反抗，许多居民以铁锤、斧子、砍刀、扁担等为武器，同穷凶极恶的日军拼死搏斗。

黄金山下火神庙西有一位50余岁的苑铁匠，为人正直、豪爽。当甲午战争爆发后，他把两个儿子都送到徐邦道的拱卫军当兵。大儿子叫大勇，在保卫金州时战死；二儿子叫二勇，在旅顺失陷时阵亡。当侵略军杀到自家门口时，苑铁匠决定与他们搏斗。他手持铁锤躲在门后，进来一个日本兵，就砸死一个，连续砸死5人。正当苑铁匠踢开窗户，跳到窗台时，不幸被日军开枪击中。负伤的苑铁匠手握铁锤，回头怒视日本兵，日本兵被吓住了，想再开枪时已来不及，又被铁锤砸死。最后，苑铁匠终因流血过多而壮烈牺牲。

日军在旅顺大屠杀期间，手无缚鸡之力的妇女和儿童也用自己的方式奋起反抗。碾盘沟一孙姓人家正在举行婚礼，日本兵杀进村来，新娘躲到天棚上，一个日本兵闯进来，举刀乱扎，新郎被刺得鲜血淋漓。新娘冲下来救护，日本兵掉过头来发现了她，欲行强暴，愤怒的新娘用剪刀将其扎死。

还有一名十多岁少年，化装成乞丐潜入日军军营，把泻药投入日军饮水缸中。日军官命令营中人谁都不准走，查明原因。这名少年趁敌人不注意，以首撞柱而死。

▼ 俄德法"劝"日归还辽东半岛

随着清陆海军在平壤、黄海等战役的失利，日本把战火引入中国东北地区，清政府无奈之下只好选择与日本议和。

1895年3月19日，李鸿章抵达日本马关，与日本首相伊藤博文商订和约，随后签订了丧权辱国的《马关条约》。日本如愿以偿得到了旅顺口。

喜出望外的日本人没想到，刚刚夺取旅顺口，很快就因"三国干涉还辽"而被赶走。但是，之后控制旅

反日爱国志士阎世开先生墓地

顺的不是清军而是俄军。俄军以"过冬"为由，占据旅顺口，旅顺成为俄国太平洋舰队的港湾。

李鸿章签订《马关条约》

1895年3月19日，李鸿章怀着无可奈何的心情，带领过继之子李经方和美国顾问科士达等随员100多人，以"头等全权大臣"的名义抵达日本马关，与日本首相伊藤博文商订和约。

马关议和从3月20日正式开始，但谈判期间日本拒不停战。3月24日下午，李鸿章返回下榻处引接寺的途中遇刺，这是国际交往中罕见的丑恶行径。因此，欧美各国反应强烈，日军为挽回被动局面，才与中国签订了停战条约。

日本在美国的支持下，威逼李鸿章在一份早已拟好的条约上签字。李鸿章力争减少损失，均无效果。1895年4月17日，丧权辱国的《马关条约》签订。其主要内容是：朝鲜完全"自主"，实际上即承认日本对朝鲜的控制；割让我国辽东半岛、台湾全岛及所有附属各岛屿、澎湖列岛等地给日本。

俄、德、法干涉还辽

就在《马关条约》签字的当天，俄国得知日本割占了其早已视为"势力范围"的辽东半岛，便正式邀请法、德两国，共同对日进行干涉。法、德两国从利益考虑，决定干涉日本割占中国的辽东半岛。同时，德国还声称将派军舰，以此施压。

4月23日下午，俄、德、法三国公使联合赴日本外务省，声明各自受本国政府训令，对中日讲和条约中关于辽东半岛割地事件的异议，分别向日本政府提出备忘录，劝告日本政府放弃领有辽东半岛。

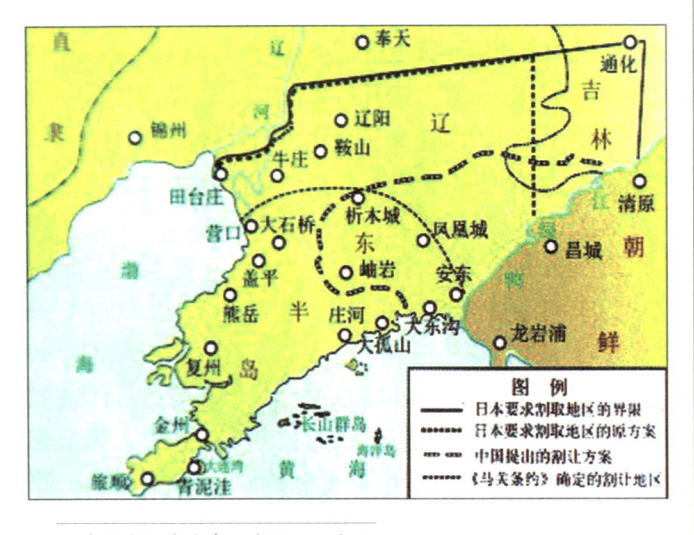

日本当然不会将"战利品"拱手相让，于是采取"分化"和"拉拢"等外交手段，均告失败后，又采取部分让步策略，将条约修改为："日本政府对于辽东半岛之永久占领权，除金州厅外，完全放弃。但日本与中国商议后，当以相当

日本割占辽东半岛方案变化示意图

款项作为放弃领土之报酬。在中国完全履行其媾和条约上之义务以前，须占领上述土地作为担保。"

赔偿白银赎回辽东半岛

在和德、法两国商量后，俄国人照会日本政府说对其提议很不满意，并认为"日本占有旅顺口于事有碍，须坚持最初之劝告，决不动摇"。

鉴于俄、德、法的强硬态度，英、美、意的袖手旁观，陆奥宗光在得到日本天皇的批准后，本着"对俄、德、法三国完全让步，对中国一步不让"的原则，电告驻俄、德、法三国公使，宣布放弃永久占领辽东半岛。

但是，交换辽东半岛是有条件的——中国需以钱赎回。日本先提出赎回辽东半岛需1亿两白银。经过中国的力辩和三国的反对，日本降为5000万两。又经力辩，最后才以3000万两成交，日本还提出必须在3个月内交清，随后日本军队才从辽东半岛撤回。

按照约定，清军陆续收回海城、凤凰城、岫岩和旅顺、金州、大连湾。1895年年底，辽东半岛全部收复。

日俄战争在中国土地上爆发

❖ 交战双方
俄军　日军

❖ 背景
  中日甲午战争后数年间，列强为争夺远东（主要是中国东北），已经形成了日、英、美和俄、法、德两大集团。其中，俄国伙同德、法"干涉还辽"，不久又抢占旅大，让一直视旅大为"囊中物"的日本恨得咬牙切齿，发誓要重夺辽东，"报仇雪耻"。

❖ 战况
  1904年2月8日夜，日本舰队采取偷袭手段，击毁俄舰3艘。旅顺口的俄军猝不及防，吃了大亏，不仅丧失了制海权，而且士气大挫。日舰偷袭成功，成为日俄战争的导火索。

胡慧雯

历史总是在惊人的重演：1894年7月25日，在朝鲜牙山口外丰岛海面上，日本战舰"浪速"号突袭中国租用运送军队的英国"高升"号商船，使得毫无准备的千余名清军官兵死于非命，中日甲午战争由此爆发。时隔不到10年，1904年2月8日，相似的一幕又在中国的旅顺口重演——只不过，这次日舰偷袭的对象换成了俄国舰队，继而引爆了震惊世界的日俄战争。

日俄战争的荒唐之处在于，日本和俄国两国发生战争，战场居然在中国的东北。而更荒唐的是，彼时的清政府居然默默地接受了这种不公平的待遇，并宣布"局外中立"，把包括金州、复州等在内的旅大地区，拱手交给日俄两国蹂躏。

▼ 俄军大意应敌

中日甲午战争后数年间，列强为争夺远东（主要是中国东北），逐步形成了日、英、美和俄、法、德两大集团。这期间，两大集团斗得难分难解。其中，俄国伙同德、法"干涉还辽"，逼着日本人把辽东还给了清政府。但没多久，俄国又变着法儿地抢占了旅大，让一直视旅大为"囊中物"的日本人恨得咬牙切齿，发誓要重夺辽东，"报仇雪耻"。但那时，日本明显没有俄国实力强大，于是，日本人一忍忍了10年。

其实，早在日俄战争爆发前，双方的关系就很紧张。两个国家表面上玩弄各种外交伎俩，假意谈判，实际上都在加紧扩充军备，以备伺机一搏。

这种假意的和平外衣，终有一天要撕去的。当时间走到1904年的时候，端倪逐渐显露出来了。

1904年2月7日早上，俄国远东总督阿列克赛耶夫收到一封电报，内容是关于同日本断绝外交关系。当时，俄国媒体还积极要求发表这封电报，却被阿列克赛耶夫拒绝了，其理由是，怕消息一经传播，会引起恐慌。

日俄战争中的俄军

第二天，驻扎在旅顺的俄军太平洋分舰队参谋长维特格夫特少将下达命令，要求"准备好水雷"。不过，他的这个命令却被俄舰队的其他人否定了——舰队司令斯达尔克中将认为，军舰上没必要使用防雷网。当晚，俄舰队的将领们还专门开会研究此事。会后，总督阿列克赛耶夫也否定了在舰船旁边设置防雷网的做法——因为在他看来，这既不适时又很不策略。

尽管如此，俄军最后还是决定选择一个比较保守的处理方式：采取措施以防日军偷袭。但在心理上，他们都觉得日军不会马上偷袭。甚至连维特格夫特也动摇了，他也觉得，日本人不敢进攻俄国军舰。很多俄国人甚至以为，"战争根本打不起来"。

另外，俄国人还犯了个愚蠢的错误：因为担心自己的军舰晚上相撞，他们居然允许军舰在做好防水雷攻击的准备之后，"点着航标灯"，"在海上巡逻的驱逐舰和炮舰打开识别舷灯"。殊不知，正是这个决定，给日舰的偷袭提供了明确的目标。

▼日军谋划夺取辽东

此时，日军已经计划在俄国几支舰队集结之前完成登陆，以取得在辽东地区的军事优势。在手段上，日本人很中意甲午战争时对清朝不宣而战的伎俩，决定攻俄军不备，一举攻占旅顺口，夺取制海权。

此前在对马岛等邻近朝鲜地区，日本已经集结了1.6万名后备兵。为了这次战争，他们又招募了大批新兵。另外，日本人还将大批粮、煤和其他军需物资囤积在当时朝鲜的仁川、元山，并让舰队在夜间加紧进行偷袭演练。

日本在旅大地区派遣了大批间谍，搜集当地的各种情报。日本联合舰队通过情报机构，确切掌握了旅顺口大型俄舰通常泊于港外停泊场的情况，并据此制订了详细的偷袭计划。

日本御前会议决定对俄开战后，给联合舰队司令东乡平八郎下达了攻击俄舰队和派兵在朝鲜登陆的指令，日本国内宣布全国总动员，并通知在旅顺的日本人赶紧撤走。当在旅顺的日本人纷纷搭乘外轮跑路时，俄国人居然没有感受到任何异样。

2月6日清晨，东乡平八郎在佐世保基地的旗舰上召集舰长会议，每个舰长都分到一张详细标示俄舰队停泊地点及各舰艇位置的旅顺锚地和海湾平面图。东乡平八郎命令联合舰队上午9时准时从佐世保军港出发。其中，舰队的主力第一、二、三战队和各驱逐舰队，均开向旅顺港，准备袭击俄舰队。

2月8日清晨，东乡平八郎率主力舰队到达朝鲜西岸的小青岛附近，其中第一战队共10艘驱逐舰开往旅顺，第二战队前往大连。

▼ 日军偷袭俄舰成功

2月8日夜，旅顺港外锚地停泊着16艘俄舰，另外还有数艘舰艇在外巡逻或等候换班，2艘值班的军舰正在准备出发。港口内，1艘战列舰和1艘巡洋舰用探照灯不断照射停泊场。此时，在旅顺港西北的俄军军官俱乐部内，军官们正在跳舞狂欢——庆贺以太平洋分舰队司令斯达尔克夫人命名的纪念日。

在这灯红酒绿的背后，仿佛有一双看不到的眼睛，躲在黑暗中默默地注视着港口内的一切。如同一场扣人心弦的电影，在阴谋上演前，总有片刻的宁静或欢愉。

海面上，日军的驱逐舰已经悄无声息地排成了一字队形，向旅顺疾驶，空气中弥漫着暴风雨来临前的惊心动魄，散发着浓烈的战争气息。2月8日22时30分左右，俄军2艘值班驱逐舰"无畏"号和"机敏"号，正在旅顺以东20海里处用探照灯向远方照射，它们的这一举动暴露了自己的位置。

日舰继续向前行进了约20分钟，最前面的第一驱逐舰队与俄舰相遇了。因为怕被俄舰发现，导致功亏一篑，日舰迅速熄灭全部灯光，向右方躲避。俄国人居然没发现自己对面有船，就这样让日舰畅行无阻地行驶到了外场的停泊场。这时，日舰借助灯塔和俄舰上的灯光修正航向，慢慢地接近了俄分舰队，并看清了港外有许多舰影浮动。

偷袭时机已经成熟。

日军4艘驱逐舰组成的第一驱逐舰队马上成单纵阵迅速扑向俄舰，寻找目标发射鱼雷。第二、三驱逐舰的6舰也很快赶到，靠近俄舰发射鱼雷。23时35分，突然响起的连天爆炸声把俄舰上的水兵吓了一大跳，他们的第一反应就是拿起枪朝着四周一通乱射——其实，他们连敌人在哪里都没搞清楚。

日舰发射了16枚鱼雷，其中3枚命中目标，击毁了3艘俄舰。在整个战局上俄军尽失先机，处于极为不利的境地。经此一战，俄、日两军能出海作战的战列舰比例由7:6变为5:6，俄军几乎没有希望夺得制海权，而且士气大挫。

▼ 日俄战争爆发

遭袭后，俄军将领十分焦虑，要是舰队再受到损失，他们可担不起这个责任。于是，俄舰队制订了更为消极的作战方案：仅限于布设防御性雷障，只派巡洋舰和驱逐舰出海。俄舰龟缩港内，相当于拱手把制海权让给日本。日军顺利登陆，实现了他们第一步战略目标，这也标志着俄军的整个军事行动陷入被动。

在偷袭旅顺口的同一日（2月8日），日军也对朝鲜仁川港的俄舰发动了攻击，其目的同样也是掩护陆军登陆。仁川的最终战斗结果，是日军顺利夺得了仁川港。

2月9日，俄皇尼古拉二世下诏宣战。

2月10日，日本明治天皇睦仁下诏宣战。

在诏书中，两国皇帝都煞有介事地声称要维护和平，不损坏别国权利，都严厉指责对方破坏和平、侵害别国。然而，事实却是在中国的土地上厮杀，毫无顾忌地侵害中国和朝鲜，为争夺东亚霸权和实现各自的帝国主义政策大动干戈。

由于主战场在中国，因此，中国政府的态度对于日俄双方的胜负至为关键。而日俄双方的表现，也截然不同：

日本权衡利弊一番，认为不让中国"掺和"比较靠谱——日本人算得明白，万一控制不好，惹怒了中国那些有血性的老百姓起来反抗，自己是得不偿失、腹背受敌；就算赢了俄国，还得和中国分配利益。而且，日本人还担心中国要是参战了，在军费上花费了银子，就没钱赔给自己了。

俄国的态度恰恰相反，俄国人觉得自己的军事实力和日本相比并不占优势，而且他们的势力已经控制了中国东北的大部分地区，为了保住现有的这些利益，迫使清政府与自己联手对日作战，会更有利。于是，俄国不断以《中俄密约》相逼，让清政府站在自己一方。

▼ 清"局外中立"，旅大沦为战区

那么，清政府到底是个什么态度呢？此前，即1903年12月27日，日俄两国谈判陷入僵局的时候，时任直隶总督袁世凯就曾向朝廷提建议："咱们要是向着俄国人，那么日本人就要派海军来骚扰我们的东南沿海；但要是向着日本人，俄国人就得派陆军去侵扰我们的西北。所以，如果日俄一旦决裂，咱们最好的办法就是谁都不帮，保持中立。"

乍一看，袁世凯的分析好像还有点道理，可事实上，他忘了最重要的一点：东北毕竟是中国的领土，岂能任意让人宰割！

1904年1月22日，袁世凯再次向朝廷强调"中立"的重要性。他认为当时中国的国力根本无法阻止这场战争在中国东北进行，要保卫东三省至少需要几十万军队，即使保卫几个重要据点也需要6万~10万人，而当时中国作战能力较强的北洋新军也只有6万人。而根据《辛丑条约》规定，各国不得向中国输出武器。由于中国当时自己的军事工业十分落后，所以清军的武器弹药严重匮乏，甚至连保卫东北的几个重要据点的力量都不足。

清朝统治者虽然不愿让老祖宗的龙兴之地惨遭炮火摧残，却无力回天，只求能维护其统治，苟安一时。

2月8日，日舰挑起事端后，袁世凯又催促清政府宣布"中立"，"以定

人心"。这时,其他列强国也先后宣布"中立"。而英、美、德等国又发出通牒,认为中国中立为必要。同时,他们还表态说:战地应划定界限,不得侵入中国其他疆土。

在这些列强的压力下,1904年2月12日,清政府以光绪皇帝的名义颁发上谕,正式宣布:中国不参战,"局外中立"。不仅如此,清政府还议定了一个《两国战地及中立地条章》,划定了日俄在中国的辽河以东,包括今天的金州、复州、熊岳等地为交战区。可怜的旅大地区,就这样被拱手交付到外强手里,从此饱受蹂躏。

日军沉船堵塞旅顺港

孙立民

❧ 交战双方
　　日军　俄军

❧ 背景
　　1904年至1905年间，日本与沙皇俄国为侵占中国东北和朝鲜，进而争夺亚洲及整个太平洋地区的霸权，在中国东北进行了一场帝国主义战争。日俄之战以沙俄失败而告终。

❧ 战况
　　1904年2月24日开始，日本为夺取黄海制海权，以沉船堵塞旅顺港出海口，企图将沙俄舰船封锁在港内，以便瓮中捉鳖。2个多月内，日军连续三次塞港，但都没有完全成功。

旅顺港波澜不惊的海水，似乎是在努力遮掩曾经的沧桑。

甲午战争，日本人燃起的硝烟刚刚散去，转眼，沙皇俄国又以"保护"的姿态侵入，令旅顺旧伤未平又添新痛。而这一次，战火从海面没入到海下，旅顺港口的天然河道，也成了日俄双方争抢的关卡。

沙皇俄国以"保护"中国免遭他国侵害的幌子强租旅大后，将旅大作为侵略扩展的军事基地，旅顺港也成了俄军的"大本营"。日俄战争爆发后，日本为了取得制海权，打败俄国太平洋分舰队，于1904年2月24日、3月27日、5月3日分三次沉船堵塞旅顺港口，试图以17艘船沉入海中，堵塞住宽约1公里的狭窄航道。三次沉船塞港虽以失败告终，但日本还是夺得了黄海的制海权。俄军庞大的舰船只能龟缩在旅顺港内，失去了用武之地。

▼ 俄军在旅顺港避战自保

"保护"，是个多么温暖的字眼，但来自沙皇俄国的"保护"，却令旅顺伤痕累累。

俄军在旅顺港的军备可是足够强大。为"保护"旅顺口军港的安全，俄军从1900年至1904年的4年中加强海防线，修筑了从崂津嘴至老虎尾9公里的多座炮台，还有白银山至老铁山25公里的陆路、海陆各种炮台堡垒以及临时防御工事达50余座，配属各种口径的火炮500余门。

旅顺港是一座天然良港，但入港航道狭窄却对俄军大为不利。港口东侧有黄金山，西侧有西鸡冠山、老虎尾作屏障。这种特殊的地形，使得黄金山与老虎尾之间形成了一条长约2公里、宽约1公里的狭窄航道，最窄处宽273米，大型军舰只能在航道中央91米处通过。这条航道是军舰进出旅顺港的唯一通道，当时，俄国的太平洋分舰队就泊在军港之内。

日军对旅大虎视眈眈，一心想对俄军取而代之，他们深知俄海上力量的强大，如何削减俄军的战斗力？日军想出了一个办法：就是用沉船堵住航道，为俄国的军舰进出港口制造难度。日本人计算出俄国军舰出港大概要用30分钟的时间。如果把港口部分堵住，俄军舰出港的时间大概就得用上2个小时。这对日军来说，无疑是有益的，"扼住出港要道，俄军岂不成为瓮中之鳖"。

其实，堵塞港口的作战行动并非是日本人的创举，在世界海战史上曾有过先例。1854年8月的克里米亚战争中，英、法联合舰队在英国海军上将邓达斯和法国海军上将哈姆林的指挥下驶入黑海。驻守在塞瓦斯托波尔港的俄国舰队，为加强港口的防御，不让英法联合舰队冲入港口，自己凿沉了几艘船堵在港口。而此时停泊旅顺港的俄舰，就处在这样一个不利位置。

▼ 日军沉船五艘塞港

剑走偏锋，方能制胜。

面对强大的俄国海军，日军决定，不惜以沉船塞港，扼住俄军的咽喉。1904年2月16日下午，日军征调"天津丸"、"报国丸"、"仁川丸"、"武阳丸"、"武州丸"5艘商船，作为堵塞船到达八口浦待命。5艘商船总载重量1万余吨，并配备好爆破装置。参加塞港作业的士兵总共77人。

2月24日凌晨，日本闭塞船队在海军中佐有马良橘、少佐广濑武夫指挥下到达老铁山南洋面，开始向旅顺口突入。途中，船队被要塞电岩炮台的探照灯发现，船队遭受猛烈的炮火轰击。"报国丸"号冲向老虎尾灯塔，自爆沉没，另外一艘"天津丸"在老铁山东海岸触礁沉没，"武阳丸"随即自爆沉没。塞港初战不利，其余2船也在没到达港口航道就沉没了。

这一次塞港行动，因俄军探照灯照射和对港口地形不熟的原因，行动没取得明显效果。但是封锁港口这一大胆行动，却使俄军恐惧有加，士气日趋低落。日本损失也不算大，仅死了1人，伤3人。

▼ 日军四船再次塞港

第一次沉船塞港，只有"报国丸"一船沉于港口附近，虽对出入港有点障碍，但很快就被俄军拖走，港口恢复畅通。当时堵塞船装的是煤炭，沉下后也容易移开，所以日军接受教训，第二次行动决定装散装水泥和石块，沉船到水下可以凝为一个整体，不容易移开。

第二次堵塞船由"千代丸"、"福井丸"、"弥彦丸"、"米山丸"4船组成。总指挥仍由有马良橘担任，副总指挥仍是广濑武夫，堵塞队员和指挥官共65人。

3月27日午夜2时，堵塞船到达老铁山南方海域，行进在前面的"千代丸"被海岸电岩炮台的探照灯发现，炮台开始猛烈炮击，"千代丸"在黄金山前水面抛锚，船首向右自爆沉没。广濑武夫指挥的"福井丸"从"千代丸"的左侧冲入港口航道，被鱼雷击伤沉没，"弥彦丸"、"米山丸"也相继沉没。

遭遇水雷袭击和俄军的炮击，第二次闭塞作战仍未达到预期目标。担任收容救护任务的日本水雷艇队，冒着弹雨抢救出不少堵塞队员。这次塞港行动，日军死伤15人，4艘沉船只有1艘冲到了航道的左侧，对军舰出入港产生一定影响，但涨潮时大的军舰仍通行无碍。

▼ 日军终获制海权

两次堵塞港口行动后，旅顺港航道虽变得狭窄，但还没完全堵死。于是，日军决定实施第三次堵塞港口行动。这次日军汲取了前两次的教训，决定增派12艘堵塞船，其中以"新发田丸"为指挥船，并对"釜山丸"、"小仓丸"、"长门丸"3船增加了特殊的爆破装置。

第三次堵塞队总指挥为海军中佐林三子雄，行前有4船奉令返回，只有8船向港口突进。

这8艘船于5月3日到达港外，"三河丸"第一个进入港内航道中央投锚自爆。随后，"佐仓丸"冲进港口水道投锚自爆。这时，俄军炮台开始了猛烈轰击。"远江丸"被老虎尾炮台炮火击中，起火爆炸沉没，封闭了港口水道的一部分。由此导致了"江户丸"还没有到达港口，就被炮弹打穿了船尾，船长也被炸死，水兵投锚把船炸沉。其他几艘船都在水道的西岸爆破自沉。

第三次沉船行动由于天气险恶，风急浪高，加上俄军加强了防御，所以日军伤亡惨重。参加这次闭塞战的8船159人，除67人救回外，32人被俘，60人死亡。至此，日军先后三次闭塞作战共沉船17艘，给俄海军舰队从旅顺军港出海造成了很大的困难。

尽管在中心航道沉没多艘船只，但经过俄军清理后，大型军舰仍然能够从港口自由出入。不过，经过日本海军三次封锁旅顺口的行动后，俄舰全部躲在港内不出来，制海权全部掌握在日本海军手里。

▼ 俄舰队突围受挫

把俄舰牢牢地"看管"在港内后，日军借机进行陆地活动。日本陆军在辽东半岛先后登陆，第二军北上阻击俄国军团，第三军进攻旅顺，使旅顺要塞受到来自海上和陆地两方面的夹击。俄国太平洋分舰队无力大规模出海作战，只能一面清理港口的堵塞船，一面派出舰艇扫海，并在港内加紧修复受伤的战舰。

6月23日，俄国舰队奉命突围，25艘军舰于上午7时出发。日本驱逐舰队发现后，马上进行攻击，双方展开了激烈的炮战。俄巡洋舰"诺维克"号率4艘驱逐舰向日舰猛冲，日舰则边战边退，把俄舰引向自己的主力舰队。

日本主力舰队在接到哨舰报告俄舰出港时，立即编队赶往旅顺。下午3时，俄军发现日本主力军舰驶来，不敢继续前进，试图返回，双方进行了激烈的炮战。由于港口堵塞后还未完全清理好，航道狭窄，白天航行都要十分注意，夜间更不敢直接进港，于是俄舰在外停泊场投锚。此时，日军驱逐舰队与鱼雷艇以时速10海里力追俄舰。当晚，双方又进行了一场激烈的炮击。俄岸炮援助，日驱逐舰中炮起火，俄装甲舰触雷被炸。次日凌晨，日本舰队停止攻击。

此次突围失败后，俄军的大型军舰停留在港内，不再出海，为支援陆军保卫要塞，还把军舰上的舰炮拆下转给陆军。军舰的火力进一步被削弱，战斗力也随之下降。

首次突围受阻后，俄舰官兵士气低落，但战争还在继续，俄军舰酝酿再次突围。8月10日，俄军6艘装甲战列舰、

4艘巡洋舰、8艘驱逐舰，另外还有几艘辅助舰船，共20余艘，准备出港。对俄军的突围，日本联合舰队聚集77艘舰船准备堵截。上午8时15分，俄舰队以单纵队向老铁山角驶进。日军察觉出俄军出港的目的是要突围到海参崴，便将助力舰队隐藏在旅顺口东南方的圆岛附近等待决战。下午1时，俄舰队驶离距旅顺口约30海里之外，日本旗舰首先向俄舰开火，各舰随之展开炮火攻击，黄海海面顿时炮声震天，硝烟滚滚。

海上激战，虽没有面对面厮杀，但炮火更猛，死伤累累、血肉模糊的情景一样不少。经过一番激战，日舰占据了绝对优势。俄国的18艘主要战舰，仅有10艘返回旅顺港，其余战舰分别逃到胶州、上海、西贡等地。

蜷缩在港内，往昔不可一世的俄国驻旅顺的太平洋分舰队也分身乏术，只好安之若素地等候时机。黄海大战后，制海权回到日本手里，他们不仅海上运输畅通无阻，陆军战斗也得到保障，多灾多难的旅顺口人民，也只能在日军的铁蹄下屈辱度日。

金州之战 乃太希典长早毙命

张洪骏

❧ 交战双方

日军　俄军

❧ 背景

日军偷袭旅顺口及其后的沉船塞港行动，旨在夺取黄渤海制海权，为陆军登陆作战创造条件。但塞港未能如愿以偿，日本政府极怕俄军南下增援并控制辽东半岛，急忙派遣陆军第二军于1904年5月5日开始在金州猴儿石登陆。

❧ 战况

1904年5月26日早晨，日军攻陷金州城后，随即与南山俄军展开炮战。金州南山之战，日军共投入总兵力36400人，是俄军兵力的9倍多。日军野战炮198门，机关炮48门，是俄军大炮的4倍。经过14个小时的苦战，以俄军的败退而结束。据日方统计，日军共死伤4207人，俄军死伤约2000人。

日本一贯喜欢偷袭，从中日甲午战争、日俄战争，直到日美太平洋战争，这一点一再得到证实。而之所以喜欢"践踏国际法的一切准则，宣战前搞突然袭击"，是因为日本统治者认为，"若不这样在战争一开始就旗开得胜，就不能满怀信心地打好以后的仗。这是天皇的陆海军的整个生涯的特征"。

不过这一次，日军偷袭旅顺口及其后的沉船塞港行动，并没有迅速夺取黄渤海制海权。日本政府害怕俄军南下增援并控制辽东半岛，急忙派遣陆军第二军在金州猴儿石登陆。

坚固的金州南山阵地，是俄军捍卫金州城以南大连湾和旅顺的一道最重要的军事防线。但是在日军9倍兵力、4倍大炮的疯狂进攻下，经过14个小时的苦战，俄军以失败告终。不过，俄军也让日军付出伤亡两倍的代价，并打死了后来被日本人奉为"军神"的日军第三军司令官乃木希典的长子乃木胜典。

▼ 日军猴儿石登陆

有甲午战争花园口登陆的经验，日军对于再次采取登陆作战信心满满。不过这一次，登陆地点选在金州杏树屯海边的猴儿石。

日俄战争时，日本第一军约3万人在朝鲜半岛登陆并扩充兵力后，又组成以奥保巩大将为司令官、总数4万余人的第二军，准备登陆辽东半岛。

虽然日本海军两次堵塞旅顺港口失败，尚未完全控制制海权，对陆军登陆极为不利，但日军大本营要求第二军迅速登陆。除了要从陆上攻下旅顺要塞，消灭俄国太平洋分舰队外，还要阻止辽阳方面俄军南下解旅顺之围，并阻挠俄国修复破损之战舰。

日军大本营为第二军登陆制订了周密计划，特编成一支由1000余名敢死队员组成的海军陆战队，并进行了20多天的涉水作战专门训练。另外，海军少将细谷资氏率领海军第三舰队第七战队12艘军舰及第二十艇队，为第二军护航。

1904年5月5日5时许，70多艘运兵船到达猴儿石海域。浓雾弥漫中，细谷资氏派艇队沿岸侦察，发现岸边小山上有俄兵，随即开炮射击。俄兵开始撤退。6时30分左右，海军陆战队开始登陆。当时正赶上退潮，连舢板都无法靠岸，距岸还有约1500米，海军1000余名陆战队敢死队员端枪跃入水中，涉水登岸。

奥保巩率伏见宫贞爱亲王、大岛义昌男爵、小川又次男爵三位陆军中将师团长，指挥大队人马从容登陆。日军架起6座栈桥，把辎重、弹药、马匹运上岸。先上岸的一个旅团占领青台山高地，普兰店400名俄军前来打探，当即被击退。

次日，风急浪大，日军无法登陆。7日，风浪仍大，日军只好将登陆地点移到猴儿石桃园村小河口湾避风处。直到13日夜晚，日军3个师团登陆完毕，迅速占领大沙河至普兰店一线，切断俄军南北联系后再向金州城一带进攻。

▼ 俄军丧失金州屏障

日军磨刀霍霍，让人奇怪的是，俄军似乎对此毫不在意。

俄国满洲集团军总司令库罗巴特金上将并未认识到坚守金州防线的极端重要性，竟然在日军进攻金州城前夕，命令旅顺要塞司令将驻金州的部队"及时调归旅顺卫戍部队"。这无疑帮了日军大忙。

驻守金州的俄军指挥官是付克少将，得知日军登陆的消息后，并没有派兵阻击，只是在距离金州城5~15公里的地带设下防线。

1904年5月7日晨，日军在普兰店南遇到一列俄军火车，一阵激烈枪战之后，火车挂出了红十字旗。日军停火后，火车疾驶而去，后来才知道车上坐着前往奉天（今沈阳）督战的俄远东总督阿列克塞耶夫。

8日，日军在金州城北的三十里堡北龙口河与百余俄军交火，双方互有伤亡，俄军驻普兰店骑兵点燃火药库后退走。9日，日俄两军侦察兵相遇，2名俄兵被击伤。10日，日军全面控制了东自大沙河口、西至普兰店的狭长地带，完成了从北面封锁金州的任务。

15日，付克得知日军逼近金州城，亲临城东视察，并将分散在各处的俄兵集中起来阻挡日军。而此时，日军兵力是俄军的10倍。

第二天早晨，雨雾漫天，道路泥泞，日军赶到关家店，遭到山上俄军的猛烈射击。俄军占据有利地形，日军只好躲进沟谷。中午，日军在关家店北山建起炮兵阵地，两军展开炮战时，日军突袭阁条沟后山，结果遭到俄军痛击，损失惨重。日军又调来4个中队，经过40分钟激战，才夺得阁条沟后山头。俄军被迫退向阁条沟西南山头，与相距约1公里的台山互相守望，对尾随而至的日军迎头痛击。日军不得不又调来3个中队参战，直到午后2时30分，日军才在炮兵支援下占领了山头。

日军左翼攻占阁条沟西南山后，其他部队跟着发起猛攻，攻占了周围各山和高地。这场激战历时7小时，日方死伤179人，俄方死伤188人，2/3主炮手阵亡。

阁条沟之战，俄军丧失了守护金州城的一道屏障，而日军则为夺占金州城扫清了障碍。

▼ 日俄金州攻防战

外围屏障被一一拔除，这时候，金州城里的俄军开始紧张了。

阁条沟之战结束后，距金州城仅5公里的日军，开始为攻占金州城及其南山阵地做好了充分准备。

南山和金州城一带共有俄军17769人，南山、金州城、苏家屯等地布置了54门野炮、77门200毫米口径要塞炮。面对俄军的坚固阵地，日军加固掩体，清除俄军外围据点，又与海军约定，海陆夹攻俄军阵地。

1904年5月25日，日军第一师团为中军，第三师团为左翼，第四师团为右翼，在金州城北面构成了一个弧形包围圈，随之开始进攻。

日军的作战计划是先占金州城后夺南山。不过第四师团26日强攻金州城，死伤惨重。第一师团派兵支援，也无法攻入城门。第四师团选拔了60人组成爆破队，在工兵大队掩护下，摸到金州西南城角，结果遭俄军袭击，多人死伤。半夜时分，狂风暴雨大作，探照灯光照得日军无处躲藏，山上和城上射过来的子弹、炮弹和投下来的手榴弹把日军打得七零八落。直到次日2时30分，日军付出89人死伤的代价也没有爆破成功。

日军第一师团小原正恒大佐率领第一联队向金州城突进，双方200多门炮同时激烈对射，日军步兵距东城门仅300米却不能再进一步。这时，工兵冒着弹雨冲到金州城东门，轰然一声巨响，城门被炸开，日军冲入城内，展开一场短兵相接的激战。其他部队也攻破南门，一齐杀进城内。守城俄军大部分被日军击毙，一小部分逃往南山堡垒或龙王庙海边。

此战，乃木希典长子乃木胜典被金州城东门上俄军机关枪子弹击中腹部，送到野战医院抢救无效死亡。

▼ 日俄南山之战

攻下金州城后，战事并没有结束。

1904年5月26日早晨，日军以198门大炮与南山俄军展开炮战。日本4艘军舰及鱼雷艇队也从金州湾海上炮击南山炮台堡垒。

南山又名扇子山，位于金州蜂腰地带，是东北腹地通往大连湾、旅顺的咽喉。俄军南山防御工事完整，有13座炮台和5座多面堡、3座眼镜堡等，还修筑了多条以交通壕相连接并以铁丝网做掩护的堑壕线。驻守南山的俄军第五狙击兵团3800人，配备65门大炮、10挺机枪。

双方激战多时，山上俄军的电话线全被击断，指挥失灵，加上炮弹减少，俄军炮火渐弱。日军逐渐前移，不料又遭到来自大房身俄军炮火的猛烈射击，死伤越来越多，只好暂停前进。

日第三师团进攻时，前面是一片开阔地，无法冲过去。9时许，日军依靠炮火暂时压制山上俄军的机枪火力，日军步兵才得以进至阎家屯、马家屯。但此处没有足够的建筑物掩护，日军只好奋力冲到铁路线上，依靠路基斜坡为掩体。中午，日军左翼一支部队向柳树沟进攻，又遭到来自大房身和纪家屯北山散兵壕俄军的两面夹击。第三师团与俄军战至午后5时，俄军不支，撤走前放火烧毁了大房身弹药房。

从东北面进攻的日军第一师团，遇到的是俄军防御最为坚固的地方，前有

南山日俄战争遗址

纵深10多米的铁丝网，网外是500多米宽的开阔地，还有地雷和陷阱无法前进。不得不调预备队冒险爬到离俄军阵地前沿2米处，也被俄军火力压住而不能前进。

日海军"赤城"、"鸟海"舰炮击俄军阵地，俄军还击，"鸟海"舰中两弹，舰长林三子雄大佐阵亡，多人受伤。

第四师团在午后2时开始发动多次强攻，都被击退。日军在炮火掩护下，再次冲到距堡垒150米处，又被铁丝网挡住。于是组成有30余名工兵的敢死队，冒着弹雨爬到铁丝网，将其剪开一个缺口，攻入俄军堡垒，夺取了南山炮台指挥塔，占领了俄军左翼阵地的炮台，迫使俄军撤退。

第一师团被俄军炮火压在火车站、赵家楼一带不能前进，午后3时以全部炮火掩护，突击部队攻到距俄军堡垒800米处，俄军开始猛烈射击，日军伤亡惨重。午后5时左右又发起冲锋，在距堡垒200米处被铁丝网阻住，工兵、步兵接踵而至，先遣分队被俄军全歼，另一个中队死伤180余人。日军3个中队同时攻击俄军阵地，10多人冲到铁丝网下，不过大都负伤。等到俄军左翼溃败，日军同时猛攻，俄军阵地陷落。

这场战役，日军共投入步兵31个大队、骑兵5个中队、工兵12个中队，总兵力36400人，是山上俄军兵力的9倍多。日军野战炮198门，机关炮48门，是山上俄军大炮的4倍。经过14个小时的苦战，以俄军的败退而结束。据日方统计，日军共死伤4207人，其中死亡军官33人、特务曹长3人、下士以下713人，负伤将佐103人、特务曹长12人、下士以下3343人。俄军死伤约2000人。

得利寺之战 俄军失利

张洪骏

❧ 交战双方
　　日军　俄军

❧ 背景
　　日本第二军占领金州、大连湾之后，切断了旅顺要塞与俄国满洲集团军之间的联系，日本第三军对旅顺的进攻更使俄国统治集团陷入混乱。日军大本营得到俄国满洲集团军要南下救援旅顺的情报，要求第二军北上作战。

❧ 战况
　　1904年6月15日拂晓，日军以猛烈的炮火拉开战斗序幕。得利寺之战，俄军惨败。日军死伤1163人，俄军死伤3413人，被俘366人。日军缴获速射炮16门，弹药车46辆，步枪958支，子弹3.7万余发，炮弹1120余发。

日军取得金州南山战役胜利之后，乘胜占领达里尼（青泥洼）。为防止俄军救援旅顺，日本第二军北上阻击俄西伯利亚第一军。

在瓦房店得利寺，日俄两军展开一场攻防大战。不过，总督阿列克赛耶夫与满洲集团军总司令库罗巴特金之间意见分歧越来越大，直接影响到前线的战斗指挥。以至于俄军对日军兵力的判断失误，前线部队不及时传达撤退命令，甚至还出现了军官酒后忘记上报敌情的荒唐事。最终，俄军惨败，旅顺要塞陷入孤立无援的境地。

得利寺之战俄军失败的消息传到彼得堡，俄国上下非常震惊。旅顺救援之路已经断绝，只能依靠要塞官兵自保。然而，等待他们的将是可怕的厄运。

▼ 俄军32个营对阵日军48个营

金州之战俄军失利后，俄国政府意识到旅顺要塞陷落会引起严重的后果，于是命令满洲集团军派部队前去支援旅顺。1904年6月5日，俄国远东总督府总督阿列克赛耶夫正式下达命令，要求满洲集团军总司令库罗巴特金向旅顺派4个师（48个营）兵力，并配置必要的炮兵和骑兵。

库罗巴特金从大石桥地区派出西伯利亚第一军，而交给军长施达尔克中将的任务极其含糊，又叮嘱他不要硬拼。库罗巴特金违背军令，只派出32个营，炮也只有98门。而他们的对手日本第二军则有48个营、6个炮兵团和216门炮，大大超过俄军。

此时，俄国满洲集团军在数量上与日本满洲军基本相等，而且占据有利位置，可以在内线对分散和孤立的日军作战。但库罗巴特金仍然坚持其暂守阵地、等待援军、再行决战的主张，使俄军失去有利的战机。

1904年6月6日，俄军前卫部队击退日军先头部队，进占瓦房店火车站。瓦房店北面得利寺车站附近的龙潭山城，是自古以来兵家必争之地，用石头砌筑的环山城墙非常坚固，易守难攻，是复州境内最险要的地方。俄军决定在得利寺一带与日军激战，于是分兵布阵，主力布置在瓦房沟南5公里处，右翼沿山脊延伸，从东、西龙口起经山嘴村等几个村庄至杨家沟。阵地正面宽达12公里，前面就是杨家屯平原。

俄军阵地使日军从正面进攻非常困难，但俄军的防御工事却很不完备，炮兵甚至部署在暴露的阵地上。施达尔克中将视察前线时发现炮兵没有隐蔽阵地，大发雷霆，并亲自为炮兵指定了阵地，但这个阵地更容易被日军发现。

此外，俄军指挥官也没有对各部队在战斗中如何用炮火互相支援作出明确规定，各炮连都没有建立观测所。

▼ 俄军尚未投入战斗就伤亡严重

日军并没有等待俄军完成所有的战斗准备。

硝烟·大连战事

1904年6月14日中午，北上的日军在击溃少量阻拦的俄军后，攻占了瓦房店。日军追击俄军到赵家屯太平沟一带，遭到俄军炮击，日军步兵攻势受阻。待炮兵赶来支援后，日军发起冲锋，俄军退走。

当天午后13时30分，日军第三师团攻到得利寺南。14时30分许，日俄军展开炮战，死伤约百人。不过，日军每场激战都取得了胜利，不断向北推进。

日本第二军司令官奥保巩想通过当天的战斗，找出俄军的薄弱环节，为决战做好准备。日军从右翼进攻，以猛烈炮火支援步兵前进。俄军没有掩体和掩蔽部，尚未投入战斗就遭受严重伤亡。

俄军东西伯利亚第一师长格勒恩格罗斯一面向集团军司令部报告情况，一面组织反击。库罗巴特金对前线指挥官的"冒险"计划很不赞成，认为不会成功，只答应派一个步兵团从大石桥乘火车于15日中午前南下抵达前线，第二天就要返回大石桥。而军长施达尔克只看到日军正面进攻的第三师团，没有发现日军第四师团在向俄军右翼迂回运动。在军司令部，参谋长伊万诺夫不同意施达尔克的意见而拒绝在进攻命令上签字，这个进行反击的命令也没有向部队下达。直到15日早晨，俄军谁也不知道何部、何时、向何地进攻，大家都在等待命令。

6月14日夜晚，施达尔克派人送信通知格拉斯科旅："我派三十四团的一个营加强您部，您的任务是同格勒恩格罗斯将军商量好，攻击瓦房沟附近在格勒恩格罗斯正面活动的日军的侧翼。需要撤退时，要北撤至清河塘。"格拉斯科派一名联络官去见师长格勒恩格罗斯，这位将军对进攻的事也是一无所知。

6月15日，格拉斯科接到作战命令，但命令中对进攻还是只字未提。格拉斯科便拒绝参加进攻，其部队继续待在第一步兵师的后方。夜间，落在后面的一个旅在瓦房沟车站下车，旅长康德拉托维奇对此地军情毫无所知，就被任命为右翼指挥官，而决定胜负的战斗将在这里展开。

▼ 预备队不出战俄军惨败

1904年6月15日拂晓，铺天盖地的猛烈炮火打破了大地的沉寂。

俄军没有掩蔽部，直接暴露在日军的炮火之下，伤亡惨重。在这种情况下，本应丝毫不迟疑地向敌人发起进攻，但是格勒恩格罗斯在等待格拉斯科旅的到来，而该旅却始终没有出现。

俄军支持不住，在待援无望的情况下，格勒恩格罗斯独自率领2个团转入进攻。8时30分，格勒恩格罗斯派人给格拉斯科送去最后一封信："是转入进攻的时候了！哪怕开炮射击也行，否则我的团队就会全军覆没，他们已被日本人三面包围。"他向军长求援，而西伯利亚第一军的预备队仍在后方按兵不动。

东西伯利亚第一师与日军进行拉锯

1904年11月，日军第七师团在大连港登陆

战，击退了日军的先头部队。日军第二军的右翼部队，被俄军冲击得大有崩溃的危险，格拉斯科旅如果在这个时候能加入战斗，战局就会发生巨大变化。但格拉斯科旅拒不出战，俄军被迫向瓦房沟车站退去。11时30分，俄军第九师被日军从右翼包围，只好撤退。

俄军没有注意到日军的左翼部队已迂回到自己右翼的后方并展开攻击，占领了俄军预备队的驻地和火力阵地。俄军败局已定，施达尔克只好下达了全线撤退的命令。日军经过两天激战已经精疲力竭，无意追击俄军。

得利寺之战，日军死亡军官7人、士兵210人，负伤军官43人、士兵903人，总计死伤1163人。俄军死亡军官42人、士兵848人（日军报告收埋俄军1854人），负伤军官69人、士兵1767人，失踪军官12人、士兵675人，被日军俘虏军官6人、士兵360余人，总计死伤3780余人。日军缴获速射炮16门，弹药车46辆，步枪958支，子弹3.7万余发，炮弹1120余发。

此战俄军失败有多方面原因：第一，俄军将领未做到知己知彼，对敌情知之甚少，出现对敌情判断错误；第二，对日军进攻防御准备不足；第三，俄军指挥不畅，各部配合不够；第四，俄军管理松弛，军官战时肆酒，贻误战机。相反，日军指挥得力，战备充分，军纪严明，各部配合默契，因而取得得利寺之战的胜利就一点也不奇怪了。

日折兵过万 突破旅顺后防

❧ 交战双方
日军　俄军

❧ 背景
日军第二军北上在瓦房店得利寺拦住俄国救援部队，使旅顺要塞陷入孤立的境地。而日军第三军登陆后，负责进攻旅顺要塞。

❧ 战况
从1904年6月24日攻取鞍子岭一线起，到7月30日攻取龙王塘至双台沟一线止，日军共用了37天攻破旅顺后路的俄军防线。由于旅顺后路山岭遍布，堡垒林立，驻守的俄军以逸待劳，日军则疲于奔命，每一次战斗都付出很大代价。战争非常之残酷，日军伤亡人数高达12400余人，俄军死伤6000余人。

胡慧雯

日军第二军在辽东半岛登陆后，先后攻下了金州、大连，切断了旅顺要塞与俄国满洲集团军之间的联系，又北上得利寺拦住了俄国的救援部队，使旅顺要塞陷入孤立的境地。日军第三军登陆后，负责进攻旅顺要塞。日俄双方经过长达36天的激烈厮杀，第三军终于以损失1/4兵力的代价，彻底摧毁了旅顺后路外围的俄军防线，迫近旅顺要塞。

▼ 旅顺后路易守难攻

1904年6月6日，日本第三军司令部从金州的猴儿石张家屯登陆后，在张家屯安营扎寨。第三军司令是乃木希典，此前10年，他曾随日本第二军参与了侵华甲午战争，当时还只是一名团长和前卫部队司令官。因为"战功"显赫，乃木希典由陆军少将提拔为中将，并被任命为金州守卫部队司令长官。后来，他又被委任为"台湾总督"等要职，还受天皇钦封为男爵。日俄战争爆发后，乃木希典任日军第三军司令长官，一心想着再立奇功。

这次，日军大本营给乃木希典布置的任务是"攻克旅顺要塞"。要攻打旅顺，必须先攻破旅顺后路的俄军防线。

旅顺后路，是指旅顺通往大连的陆路防线。从旅顺市中心到大连市中心，其间不过30余公里，但这条路却真是不好"走"：其中靠近旅顺的10~20公里地段遍布山岭，如歪头山、横山、鞍子岭、老座山、凹字山等等。这些虽然算不上什么崇山峻岭，但大多坡陡无路，悬崖峭壁随处可见。另外，俄军又在山上修了不少堡垒、壕堑等工事，占尽了优势，可谓易守难攻。

按理说，俄军以逸待劳，日军疲于奔命——每次战斗，即使强涉一条小河沟，都要付出沉重代价。这仗谁输谁赢，似乎结果一目了然。但事实并非如此。

日俄战争旅顺之役

▼ 俄军撤退弃守阵地

此时，日军第三军司令乃木希典刚刚收到他被晋升为大将的喜讯。

6月24日，日军开始发动攻击。日军动作迅速，25日就攻取了歪头山、鸡冠山、老墩山的俄军阵地。到26日下午5时许，俄军开始撤退。俄军在占据优势的情况下败退，主要是因为当时的俄国关东军司令斯特塞尔没认识到防守横山一线的重要性。

之前在金州防卫战中，由于前线总指挥付克的懈怠，导致俄军迅速崩溃。但斯特塞尔不仅没有立刻解除付克的职务，反倒给予奖赏。日军占领大连后，并没有立刻向旅顺方面推进。这时，俄军如果乘机集结兵力，扩修防御工程，完全可以有效地阻挡日军。但斯特塞尔却向付克下达了立刻撤退的指令，按照他的想法，就是要放弃横山、歪头山这一外围防线。

在俄军中，斯科塞尔的做法，只有第七师师长康特拉琴科少将坚决反对。康特拉琴科认为，凭着俄军士兵的英勇、有利的地形，以及速射武器和舰船的支持，完全可以长时间地把日本人拦截在距离要塞较远的地方。但康特拉琴科的反对并没有奏效，第四师的防御队在付克的指挥下放弃了阵地，撤回旅顺。

▼ 日军固守横山防线

得知横山失守，康特拉琴科非常气愤，自告奋勇要夺回横山高地，并要求海军舰队协同作战。得到允许后，康特拉琴科亲率步兵二十六团去攻夺阵地。

7月3日开始，日俄两军又激战两昼夜，杀得难解难分。此战，俄军伤亡636人，日军伤亡300~450人。

战斗中，日军占据由鞍子岭经王家屯等地至双顶山一线，而俄军固守由双台沟经围屏沟等地至五顶山一线，两军相峙，各自抢修工事堡垒，俄军还拉起铁丝网、埋下了地雷。双方阵地相距不过千米，每当夜幕降临，一方举个火把，另一方都会非常紧张。

海上，俄国3艘军舰驶至小平岛海域炮击日军。日军急忙出动16艘军舰猛轰俄舰，一直把俄舰打回了旅顺口。横山一带俄军得到后院失火的消息，便放弃了横山阵地，退回到旅顺——日军由此突破了俄军的第一道重要防线。

▼ 日军偷袭夜战五顶山

7月23日，日军第九师团登陆，与后备步兵第四旅团、野炮兵第二旅团补入第三军，同时海军陆战队炮队也划归第三军指挥，第三军的实力更加壮大，准备与俄军展开新一轮厮杀。

先来看下此役中日俄双方的实力：俄军2个师约1.6万人和70门炮、30挺机枪部署于龙王塘至双台沟一线，延伸约22公里，防御工事尚未完全竣工；日军集中了3个师团约6万人和180门炮、72挺机枪的优势兵力。

7月26日凌晨2时，日军开始行动。

他们首先派出右翼纵队一部，摸黑到达牧城驿，结果侦察发现，居然没有俄军——原来，俄军的习惯是白天守城，晚上就撤军回去睡觉。日本人哪肯放过这种良机，马上占领了牧城驿。等到天亮，俄军晃晃悠悠由沙岗子过来时，立马就遭到了日军的伏兵射击。

紧接着，日军一举夺取了黄泥川，又占领了老座山北岗，直攻五顶山。这时，俄军本来还打算在他们事先修好的堡垒中阻击，没想到日军几炮就把堡垒轰垮了。堡垒一垮，日军步兵马上向前突进，与俄军展开近距离搏杀。但日军打了很久，也没把五顶山攻下来。

27日，日军的左翼纵队也来了，继续袭击五顶山，遭到俄军的猛烈反击。双方一直打到晚上8时。最后，日军虽然占领了部分阵地，但主要堡垒还是没有攻下。

▼ 日军攻破旅顺外围防线

7月27日，日军的中央纵队进入战场，目标是攻下凹字山。日军侦察发现，凹字山南面的防御工事非常坚固，难于攻取；而由北面进攻，则受到鞍子岭炮垒与凹字山炮垒形成犄角炮火的交叉射击。唯一可以进攻的东面，地势却非常险要，日军决定放弃之前已经攻占的两个堡垒，下山由东面进攻。

日俄双方用炮火猛攻对方：日军先令炮兵猛轰俄军堡垒，俄军则突然由鞍子山炮台横击日军。双方一直打到下午3时40分，这时，凹字山堡垒已大部分被击毁，日军接近俄军堡垒。但日军没想到的是，俄军突然改变策略，在崖上俯击日军，甚至从崖上投下大石头。直到下午5时30分，日军才攻占其第一垒。由于遭到俄军炮火的猛烈轰击，他们只能暂时待在崖下。

日俄战争堡垒旧址

28日上午，日军从三面包抄围攻凹字山。这一次，俄军再也顶不住了，只好撤退。日军占领凹字山后，紧接着便开始攻击鞍子岭、英歌石和兜山。战斗一直持续到29日晚上，日军慢慢逼近俄军前卫部队。

30日凌晨，日军开始全面进攻：中央纵队猛攻俄军凤凰山一带阵地，炮击王家屯高地，夺取了于大山，趁夜疾驰，轰击俄军，俄军以炮还击；日军右翼纵队则进占东、西泥河子，攻下了冷家屯和石嘴子；左翼纵队相继占领龙头、郭家沟。在短短3小时的时间里，俄军第二道防线被突破。至此，日军完全突破了旅顺后路外围两道防线，完成了对旅顺要塞的包围，距市区不到4公里。

▼ 俄指挥官无能致失败

日军攻破旅顺后路的战役，从6月24日到7月30日，整整用了37天的时间。其实，最初俄军是占尽了优势，但最终何以惨败呢？说到底，还是因为俄军统帅的无能。

如果斯特塞尔采取有效防御措施和正确指挥，完全能够将日军牵制在旅顺要塞外围，至少也能消耗日军更多的兵力，延缓旅顺口的陷落，从而为俄军大兵团的集结赢得时间。

当时，在日军第三军司令部的英国军事观察员诺里加德曾表示："俄军大部分战壕修筑在山脊上，在蓝天的映衬下清晰可见。就连山坡上和山脚下的战壕也未加任何掩蔽，极易受到敌人炮火的袭击。"俄军炮兵也如此，火炮大部分暴露在没有筑垒的阵地上，极易受到敌人的炮火压制，又没有统一指挥，炮火没能发挥出应有的威力。

事实上，斯特塞尔不听康特拉琴科的建议，而听信了付克的意见，把二十六团从横山撤了下来，并把俄军部分阵地轻易地让给了日军。所以俄军此次失败，根本原因在于斯特塞尔和付克等将领的无能。

▼ 日军损失四分之一兵力

日军在甲午战争时，从大连出发攻下旅顺仅用5天，而这次日军攻破旅顺后路俄军外围防线，从6月24日攻取鞍子岭一线起，到7月30日攻取龙王塘至双台沟一线止，共用了37天。其间，日军伤亡12400余人，俄军伤亡6000余人，日军伤亡人数是俄军伤亡人数2倍以上。加上南山战役日军伤亡4000余人，俄军伤亡2000余人，日军从登陆到这时已经伤亡16000余人，俄军伤亡8000余人。

日军将领乃木希典曾参加过甲午战争，也算经验丰富的指挥官。但这次统帅第三军尚未进攻旅顺要塞，就已经损失了1/4的兵力。消息传回，日本朝野惊诧不已。而这也是乃木希典本人始料不及的。

随着旅顺外围防线的突破，日军第三军已兵临城下，即将开始直接争夺旅顺要塞的激烈战斗。

日军为夺旅顺堵塞龙引泉

刘爽

交战双方
日军　俄军

背景
日军自1904年5月3日第三次沉船塞港之后夺得了黄海制海权，之后又攻破旅顺后路外围防线，自此对旅顺要塞形成了从陆到海的全面包围。为加强旅顺要塞的防御能力，俄军除了永久性工事和堡垒、陷阱外，还在要害地段广布地雷。

战况
1904年8月7日，乃木希典下令进攻旅顺，日俄两军在此进行了长达近2个月的残酷攻防战。日军第一、二次全线攻击旅顺要塞均以失败告终。俄在要塞备有火炮646门，机枪62挺，守军近5万人；日军拥有火炮400门，机枪72挺，共投入兵力6万余人。据统计，日军死伤约27380人，俄军伤亡约3450人。

硝烟·大连战事

日俄战争期间，旅顺要塞是日俄两军争夺拼杀的重要战场之一，谁胜了，谁就是这场战争的胜利者，因此俄军严防死守，日军势在必得。

俄军已在旅顺苦心经营了7年之久，不仅修筑了相当完好的炮台、堡垒、堑壕，还设置了高压电网、埋设了地雷，再加上凶猛的火力，可谓易守难攻。

日俄两军在此进行了长达近2个月的残酷攻防战，日第三军损失的兵力是俄军的8倍，但仍没能攻下旅顺要塞。无奈，日军不得不酝酿下一次总攻。

▼ 日俄兵力对比为六比五

有甲午战争攻占旅顺的经验，日军对于再次攻占旅顺信心满满。在攻克旅顺后路防线后，以乃木希典为总指挥的日军第三军抵达旅顺要塞附近，做好了对其发动总攻的准备。

旅顺要塞四面环山，地势险要，是典型的易守难攻之地。俄军已在此苦心经营了7年，构筑了相当完善的防御工事体系，建有各种堡垒46座、大小炮台72座。此次日军围攻旅顺，俄军要塞陆防司令康特拉琴科命令部下努力加固阵地：在要塞与炮台堡垒之间挖掘堑壕，并用机枪作为防守支撑点，还设置了高压电网，埋设了地雷，使整个旅顺要塞成为连成一体、火力交叉的堡垒工事群。

康特拉琴科是个很有军事才能的人，他懂得布控防御设施，又有创新意识，最大限度地缩短了修建要塞防御工事的时间，几个月内所完成的工程量已超过了1898年以来俄军修筑工程的总和，大大提高了俄军在此次战役中的战斗力指数。

此时日俄双方的兵力对比如何？据双方各自统计，俄守军近5万人，火炮646门，机枪62挺；而乃木希典的日第三军则拥有6万人（后来不断补充）、400门火炮（其中198门为攻城炮），机枪72挺。

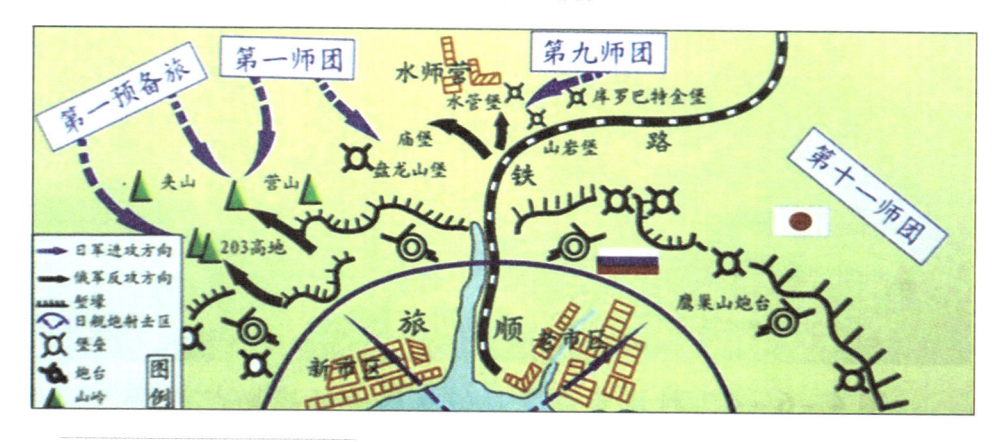

日军第二次全线攻击旅顺示意图

▼ 日军苦战夺下大小孤山

日军攻下横山一线和龙王塘至双台沟一线后,并没有急于进攻大小孤山,而是原地休整7天。其间,俄军炮火不时袭击日军阵地,日军也不为所动,直到8月7日,乃木希典才下令进攻大小孤山。

8月7日午后4时30分,日军炮兵开炮。大孤山海拔188米,断崖峭壁,大孤河绕其山麓,易守难攻。俄军居高临下,可以看清日军一切活动。日军猛攻,俄军也不示弱,向日军开炮还击,炮火连天,震耳欲聋。双方交战激烈之时,突然天降大雨,山麓河流浊浪汹涌,日兵临河不能前进。

日军派9名工兵游到下游,要炸开堤坝让水流走。俄军向河中猛烈射击,却没能阻止日军炸毁堤坝。随后,日军乘机渡河,俄军枪炮齐发,日军死伤无数,但仍成功登岸,越过雷区,穿过铁丝网,攻占大孤山东面和东北防线各一角。

8日上午8时30分,乃木希典亲临步兵营观察俄军堡垒,下令第一线步兵突进,野炮、重炮猛轰山上。11时30分,日军右翼也加入了战斗,大小孤山堡垒笼罩在硝烟之中。与此同时,日军两队步兵从山的两侧突入俄军堡垒,俄军无奈,只得突围退走。另一队日军与俄军激战一夜,于9日凌晨攻占小孤山。

自此,日军全面占领大小孤山。俄军丢失阵地并不甘心,不断炮击山上日军,多次反攻,企图夺回失地,但都没有实现。此战过后,日军获得了攻城的有利地形,但也付出了相当大的代价,伤亡1280人,而俄军伤亡仅为450人。

此战俄军防兵仅有3个营,而日军一共来了12个营,还配备了炮兵团和68门炮。在双方力量悬殊的情况下,前线指挥康特拉琴科向要塞司令斯米尔诺夫两次请求紧急派兵增援,却毫无结果。

▼ 乃木劝降俄军被拒

接下来几天,日军先后占领了碾盘沟、一六四高地,对旅顺要塞已实现全线包围。

在全线进攻之前,乃木希典做了两件事,一是在面对前来采访的各国记者时宣布:"诸位先生,你们风尘仆仆、不远万里前来观战……正当这次战役将胜利结束之际,你们的到来真是适逢其时。"其"速战速决"和"必胜信心"溢于言表。

另一件是向俄军劝降,但遭到了斯特塞尔、康特拉琴科等人拒绝。俄军将领回复说:'你们这种同俄军荣誉和尊严毫不相融,同要塞目前的状况极不相符的建议,我们认为没有讨论的必要。"

其实,乃木希典也知道劝降难以成功,暗中早已部署好了攻城方案:攻城部队5万名官兵分左、中、右三个纵队。第一师团为右翼纵队,主攻一七四高地、寺儿沟西北高地和水师营南高地;第九师团为中央纵队,主攻杨家屯西北高地;第十一师团为左翼纵队,攻击目标是东鸡冠山北堡垒一带。

▼ 首次攻击日军伤亡三分之一

8月19日，日军发动了对旅顺要塞的全线进攻。4时30分，日军炮兵开始猛轰俄军陆上防线，在炮火的掩护下，日军右翼纵队向夹山和西线中段突袭。8时许，占领夹山左峰前面俄军部分掩体。与此同时，俄要塞北线诸垒、炮台也遭猛烈炮击，有些堡垒每分钟落弹达七八发，所有掩体几乎都被摧毁。要塞东线的东鸡冠山北堡垒胸墙、望台炮台、盘龙山炮台也受到破坏。

20日，日俄双方用炮火猛攻对方。8时，日军从三面包围夹山，并用大炮把俄军的堑壕、掩体全部摧毁，俄军无力抵抗，伤亡很大，夹山失守，残余部队撤至二〇三高地。午后，日军击毁东鸡冠山前面堡垒的铁丝网，俄军崂崔嘴海防炮台回击，使日军炮兵阵地受到不小的损失。

21日，日军中央纵队和左翼纵队从黎明开始采用"人海战术"强攻，但一批批日军士兵却相继成为俄军"马克沁"重机枪的"肉筛子"。面对惨重的损失，急红了眼的乃木希典下令实行残酷血腥的"肉弹攻击战"，前面的士兵倒下，后面的士兵踩着同伴的尸体继续冲锋，整个战场尸横遍野，血流成河，战场瞬间变为屠宰场。

乃木希典本想以速战方式摧毁俄军的坚固工事，一举夺取要塞，但结果却事与愿违，不但久攻不下，还付出了惨重的代价。这次全线攻击于24日结束，共持续6天，日军投入5万多兵力，死伤近18600人，占投入兵力的1/3以上，而战果仅仅是占领了大顶子山及盘龙山东西两个小堡垒。俄军死伤约1500人，还不到日军伤亡人数的1/12。

▼ 日军堵塞龙引泉

面对惨重的伤亡和俄军的拼死抵抗，日军不得不改变战术，采取围而不攻的策略，伺机再发动进攻。日军用了1个月的时间挖掘坑道堑

龙引泉

壕，以逼近俄军前沿阵地。俄军也昼夜不停地抢修加固阵地，并在工事前的死角区埋设地雷。

待一切准备妥当后，乃木希典决定发动第二次全线攻击，这一回他吸取了教训，采取的战术是避实击虚——避开俄军最坚固的东部防线，主攻北线和西线。

9月19日晨，日军发起第二次攻势。在东部防线上，日军调集各类炮88门开始炮击水管堡、庙堡和其他工事。日军大约向水管堡发射了近千发炮弹。下午5时许，俄军堡垒的胸墙、掩体被彻底破坏，1挺机枪、2门火炮被击毁，与外部的联系被切断。

下午6时，日军向龙河谷冲锋，激战1小时，俄军2/3被打死，剩下的不足30人。为了争夺这块阵地，日俄双方不断增兵，康特拉琴科一夜之中便向水管堡增派了5个连，双方彻夜厮杀，尸横遍野。俄军6个连官兵最后仅剩下11个筋疲力尽的士兵还留在废墟里，弹药消耗殆尽，最终于20日晨放弃该堡。日军也付出了惨重的代价，共伤亡官兵1050人。其间，日军发现龙引泉，便堵塞水源，断了旅顺市区的供水，这给旅顺市区居民的生活造成极大的不便。

与此同时，日军炮兵在俄西部防线上动用各种炮103门向得利寺、二〇三高地猛烈攻击，俄军不甘示弱，随即还击。激战数小时后，两山上俄军工事、掩体遭到破坏，1门火炮和2挺机枪被击毁。

20日凌晨，经过一夜的狂轰滥炸，得利寺山的所有工事几乎全被摧毁。16时许，日军冲上山顶，双方展开了激烈的肉搏战，最后，俄军仅剩46名水兵向平顶山撤退。随后，日军猛轰二〇三高地，但一直没能得手。

22日午后，日军又派近3个营的预备队到二〇三高地斜坡下和死角区，准备当天夜里再次发动冲锋。不料被俄军发现，日军遭受猛烈攻击，无奈仓皇逃走。经过4天激战，日军损失7500余人，占领了得利寺山、庙堡和水管堡，而俄军伤亡不超过1500人。

二〇三高地 日俄攻防战

孙立民

❧ 交战双方
　　日军　俄军

❧ 背景
　　长达一年半之久的日俄战争，围绕朝鲜和中国区域的控制权展开。日军由乃木希典率领的第七师团，跟强大的俄军对抗。最后一场旅顺攻坚战中，日军经历两次全线总攻后，组建敢死队，双方围绕着"二〇三高地"展开了你死我活的攻防战。

❧ 战况
　　日军第一、二次全线总攻旅顺失败后，指挥官乃木希典置日方官兵性命于不顾，组建了敢死队，强令其不断进行近乎自杀的强攻猛打，以巨大的伤亡来消耗俄军，最终赢得了胜利。日军损失人员6万多，俄军损失人员4.4万左右。而日俄两军的厮杀又殃及中国老百姓，造成不可胜数的人员伤亡和财产损失。

我们是旅顺，大连，孪生的兄弟。
我们的命运应该如何的比拟？
两个强邻将我来回地蹴蹋，
我们是暴徒脚下的两团烂泥。
母亲，归期到了，快领我们回来。
你不知道儿们如何的想念你！
母亲！我们要回来，母亲！

这是闻一多《七子之歌》组诗中的《旅顺大连》篇。和香港、澳门、台湾、九龙、威海卫、广州湾一样，旅大，也有着饱受蹂躏不堪回首的过往。百姓房屋被炸毁，流离失所，还有人被双方当成"间谍"，冤死在日俄刺刀之下。日俄战争中二○三高地一战，也是旅顺这片土地上最为悲怆的记忆。

甲午战争之后，日本被迫把吞进了嘴的辽东半岛"吐出来"，沙俄却接着把这块肥肉抢到手并"吞下去"，日本人因此心怀复仇之意。1904年，日本在旅顺偷袭俄国军舰，掀起日俄战争。日俄两国共投入兵力70余万，鏖战一年半之久。日军最终攻占旅顺要塞，开始了对旅大地区40年的殖民统治。

▼ 日军历时三个月未攻下旅顺

俄军在旅顺的日子，也曾过得有滋有味。

1897年12月，俄国海军侵入中国东北港城旅顺，紧接着，强行向清政府"租借"了这里，并在此建立了俄国海军太平洋舰队司令部。经过几年的建设，俄国人在旅顺修建了许多坚固的水泥工事，配备了大量的火炮和机关枪，整个旅顺俨然成为一座固若金汤的堡垒。但随着日军与之清算旧账，俄国的日子可就开始不平静了。

自攻破旅顺后路外围防线之后，日军开始对旅顺要塞进行攻坚战。但直到1904年10月，日军经历了两次全线总攻，损耗严重，却没有什么大的进展。

在8月的第一次全线总攻中，日军投入5万多兵力，死伤近18600人，俄军死伤约1500人。9月19日发动的第二次全线总攻，到22日结束时，虽然夺得了得利寺山、庙堡和水管堡，但日军伤亡多达7500人，俄军仅1500人伤亡。如此惨重的人员伤亡代价，让日军上下乃至日本国内都笼罩着一片乌云，乃木希典也坐立不安。

在旅顺城下，日俄两军的实力相差无几，但两军的作战计划则相反。日军实行的是主攻战略，而俄军执行的则是防御战略。更大的差距还在两军主帅身上。乃木希典身经百战，一向以拼杀凶猛而著称，是日本对外战争的急先锋。而俄军要塞司令斯特塞尔，则依仗7年来在旅顺建筑各种防御工事、炮台，以及海陆配合的战术击退日军。

在攻取旅顺最后要塞时，日军先后组织了70余次大小冲锋，企图在俄军增援部队到达之前攻占此地。但所有进攻均遭到俄军猛烈阻击。3个月时间里，由于日军久攻不克，乃木希典曾先后撤换四任战地指挥官。

▼ 炮战、枪战、肉搏战轮番上阵

1904年10月的旅顺，湛蓝而高远的天空下，却到处弥漫着杀气。11月3日是日本天皇的诞辰日，乃木希典打算在此前完成第三次总攻，希望能占领旅顺，当作效忠天皇的献礼。

为了能更好地对战场目标进行火力攻击，日军在距俄军阵地仅50~100米的地方加紧挖掘坑道和战壕。10月25日下午，乃木希典下达了第三次全线攻击的命令。总结前面攻击失败的教训，乃木希典把这次总攻的目标定位东北部阵地，主要目标是俄军3号堡垒、3号工事。

日军先以大口径攻城炮和军舰上的大炮，对俄东线各工事进行狂轰滥炸。由于日军有备而来，俄军损失惨重，好几门火炮被摧毁。之后的几天里，两军仍激战不休，炮战、枪战、肉搏战轮番进行，日军又出现大量的死伤。直到31日，日军纵队长命令停止攻击。

第三次全线攻击，日军伤亡14500余人，损失惨重，攻占了库罗巴特金堡垒，向二龙山靠近了一步。另外，还拿下了小孤山附近的双子山俄军堡垒。

10月中旬，俄太平洋第二舰队在罗哲斯特斯基统帅下已经起航，驰援旅顺。俄军还打算于11月上旬，向旅顺地区调集陆军，企图扭转俄军兵力明显弱于日军的局面。日本海军大将东乡平八郎频频向日军大本营告急：如果到11月底旅顺战况仍无明显变化，日海军对海上的封锁将会减弱。他还以个人名义致信乃木希典，要求他尽快攻克旅顺，扭转对日军愈加不利的形势。

▼ 日军组建敢死队发起冲击

死伤惨重，日军将士也有些人心涣散。前边三次总攻，日军死伤4万余人，而此时，罗哲斯特斯基统帅的俄国太平洋第二分舰队已接近远东，日军大本营更有些慌了。11月26日，乃木希典下令开始第四次全线攻击，打算拼死夺下旅顺，赶走俄军。

上午，先行炮击俄军东线防御设施，摧毁了一些工事掩体。下午1时发起总攻，左翼纵队攻击松树山堡垒和老虎沟山炮台，右翼牵制二〇三高地。

11月26日夜间，日军强攻二〇三高地，充当先锋的是3000多名身上斜挎两条白色布带的敢死队员。他们趁着夜色，以密集的队形秘密接近俄军阵地。然而俄军早已发现了日军的动向，在敢死队接近阵地前沿时，俄军突然打开探照灯，以凶狠的火力迎击日军。敢死队虽然抱定必死之心，但仍无法向前推进，接二连三地被打倒，尸体漫山遍野。乃木希典又连续组织了几次进攻，但在俄军坚固的堡垒面前都失败了。

▼ 日军拼死终夺二〇三高地

"打一场胜仗，向天皇献礼"，这在乃木希典的心里绝对高于一切，所以他不惜组建敢死队，让士兵以"肉弹"形式前去送死。

二〇三高地是俄军西部防线的制高点，与附近的望台山、东鸡冠山遥相呼应。由于二〇三高地可以控制旅顺市区和军港要塞，牵一发而动全身，因此，这块弹丸之地便成为日俄两军疯狂下注的赌命之所。

二〇三高地上筑有一个巨型堡垒和两个棱堡，堡垒四周布满带有利刺的铁丝网。这一高地和附近山丘的空隙中，也精心筑有几道工事。二〇三高地附近的山丘上，还筑有坚固的堡垒群和防御日军进攻的堑壕线。凭借着有利的地形和牢固的工事，俄军打退了日军一次又一次的进攻，有效地阻击了日军的推进。

11月27日晚，日军集中全部力量进攻高地。只见漫山遍野的日本兵向山顶扑去，一波紧接着一波，没有间隙。山坡上，尽是倒在俄军火力下的日本兵，而更多的人则踏着尸体和伤兵不停歇地冲锋，血肉横飞，到处伏尸累累。乃木希典命令炮兵连续不断地炮击俄军工事，甚至不惜伤及正在接近敌人工事的日本兵。在这一次强攻中，有1.1万日军官兵毙命。

此后的战役进程也验证了二〇三高地的重要性。日军重炮的射程为7.8公里，而二〇三高地距俄军战舰停靠的军港只有5公里，日军付出巨大代价攻下高地后，立刻在山顶设立重炮观测所，依据精确测算，引导重炮将俄军战舰一一击沉，双方的对峙局面瞬间失衡，俄军自此一败涂地。

经过9天的殊死血战，12月5日下午1时30分左右，日军的一个连终于登上了二〇三高地的俄军巨型堡垒。而这距1904年8月19日日军发起的第一次全线攻击开始，历时4个多月。

"一场惨胜"，可以说是对日军此战的准确定义。从纯军事角度讲，世界各国的军史专家对乃木希典指挥的这场高地攻坚战多持否定态度，即便被"武士道"思想洗脑的日军官兵也多有异议。

《旅顺》一书的作者巴尔特里特这样描述二〇三高地之战："自从法军攻击波罗底诺大要塞之后，还可能不曾再看见过这样多的死尸，堆在这样一个狭小的空间之内。日本人的死尸十分难看，因为他们的皮肤变成了绿色，显出一种极不自然的样子。没有一具死尸是完整的，在炮弹弹片和破碎枪刀的堆积中，到处夹着零碎的肢体和骷髅。"

据史料记载，1904年12月5日，日军攻下高地时，已伤亡1.7万人，俄守军6000人全军覆灭，日本人冲上山顶打扫战场，只找到一名奄奄一息的俄军伤兵，这是俄军唯一的幸存者。

一位参战者事后说："这不是人与人之间的斗争，而是人与钢铁、燃烧着的石油、炸药和尸臭的斗争。"这向世人昭示，不义之战带给人们的只有深重的灾难。

普兰店打响辛亥东北第一枪

❧ 交战双方
革命军　清军

❧ 背景
日俄战争之后，包括旅大地区在内的辽南陷入民不聊生、各种矛盾日益尖锐的境地。各地反侵略斗争风起云涌。

❧ 战况
1911年11月20日，庄复地区革命领导人顾人宜率领民军向李家卧龙（今普兰店市城子坦镇老古村）巡防队杀去，打响了辛亥革命在东北的第一枪。清巡防队大败，民军初战告捷。

刘爽

近代的大连，饱受外来侵略者战火的摧残，满目疮痍。特别是日俄战争之后，包括旅大地区在内的辽南更是陷入民不聊生、各种矛盾日益尖锐的境地。在这种情况下，各地的反侵略斗争风起云涌，在近半个世纪的岁月里发生了大大小小无数的战斗，一直持续到大连地区解放。

▼ 庄复起义

革命党人组织民军起义

谈到庄复起义，必然要提同盟会。

同盟会是1905年成立的中国资产阶级革命政党。由于其非常重视东北，所以同盟会成立第二年，就派人赴东北各地从事革命活动。

1911年11月17日，同盟会张榕、徐镜心、张根仁、柳大年等，联络各地革命党人，在奉天（今沈阳）成立了"奉天联合急进会"，以对抗由赵尔巽、袁金铠、张作霖等反动势力把持的"奉天国民保安会"。

鉴于封建反动势力在奉天十分强大，急进会便制订了一个方案：先在各地发动武装起义，引诱省城的清军出来讨伐，然后再各个击破，并乘机一举攻取奉天省城。为此，多数革命党人纷纷前往辽南各地策动军警，组织民军，发动武装起义。而其中，起义规模和影响较大的，当属庄复起义。

当地百姓踊跃支援民军

1906年秋至1911年8月，庄河、复州两地的农民群众就曾进行声势浩大的抗捐抢粮斗争乃至武装起义。武昌起义之后，庄复地区的群众斗争热情更加高涨，当时领导庄复地区革命的是顾人宜、顾人邦，在他们的带动下，当地老百姓踊跃参加和支援民军。

为了支持革命活动，义民首领变卖家产，一些富豪也捐助军械、子弹、粮食及军费，甚至当地娘娘庙的和尚也捐出18万元作为军需。有了这种群众基础和财力支持，起义队伍声势大振，民军数量达到3000多人。

很快，复州警务长杨大实也带领全县的警察和地方保卫团1000多人挑起了起义大旗。这样，庄复一带的民军便达到4000余众。

首战告捷打响东北第一枪

然而，在起义军筹谋期间，清军巡防营统领李万盛发现了起义的动向。于是，李万盛开始谋划对顾家岭一带进行扫荡。顾人宜收到消息后，当机立断：提前起义！

1911年11月20日，顾人宜率领民军向李家卧龙巡防队杀去，打响了辛亥革命在东北的第一枪。清巡防队大败，民军初战告捷。这一战，史称"庄复之役"。这次起义揭开了辛亥革命在东北地区武装斗争的序幕，是东三省革命进入新阶段的一个标志。

随着革命形势的发展，为有计划地组织领导起义，11月27日，革命军在李家卧龙宣布成立"中华民国军政分府",顾人宜出任"关东第一军"司令官。

清军纷纷投诚民军

在民军的威慑下,许多清军官兵纷纷投诚,有的军官为"免残害同胞",毅然决定"叛离官长",坚决反对与民军开战。有的清军在"逃跑逃不了,后退上方不允许"的情况下,居然采用自杀的办法来抗议,不愿意与民军交战。

11月29日,顾人宜率民军攻打驻于水门子(今普兰店市莲山镇)的清巡防队,激战两小时。民军可谓越战越勇,大队长顾人邦带头冲杀,在敌军中"三入三返",所向披靡,打得清军四处逃散。

第二天上午,民军又向瓦房店元台子巡防队发起攻击,并迅速占领水门子,民军大获全胜。

革命党人血染奉天城

各地的武装斗争风起云涌,反动势力自然不会善罢甘休,他们疯狂地镇压武装起义,屠杀革命党人。

1911年12月至1912年1月,赵尔巽、袁金铠、张作霖各自密令其部下或指使便衣特务先后逮捕了"奉天联合急进会"副会长张根仁和柳大年,暗杀了会长张榕。同时,张作霖又在奉天省城内率300多部下,每天夜里大肆杀戮革命党人和无辜群众,凡剪了辫子或者穿着洋装的人,没有一个幸免。当时的奉天城内,尸骨累累,到处都悬挂着人头,惨不忍睹。

血腥的屠杀并没有吓倒革命党人,那些侥幸从屠刀下逃脱的人相继来到大连,力图重整旗鼓,酝酿发动新的武装起义。他们在大连重新建立了革命领导机关"同学社",随后又组织关外民军。被赵尔巽和张作霖逼迫出走的蓝天蔚,这一时期也在上海广泛招募青年学生入伍,组成了1200余人的北伐军,并筹款购置了各种枪支3000支、子弹150万发。

辛亥革命大连再掀高潮

1912年1月1日,亚洲历史上第一个资产阶级共和国——中华民国在南京宣告成立,孙中山出任临时大总统。孙中山非常关心辛亥革命在东北的发展,1月11日,他任命蓝天蔚为关外大都督和北伐军总司令。

1月末,黄兴电告蓝天蔚:京师已孤立无援,依照原计划,率军北伐。

蓝天蔚马上动身,于1月31日抵达大连,设立北伐民军总司令部。2月1日,600多名北伐军乘军舰在尖山口附近秘密登陆,随后,与仍在坚持斗争的当地民军取得联系,共同向清军发动了进攻。经过一番激战,清军损失惨重,节节败退,向庄河方向溃逃。

2月3日,北伐军在花园口与清军遭遇,展开一番激战。结果清军大败。次日,清军进行反扑,但很快被击溃。

2月6日,顾人宜率民军乘胜追击,攻占了瓦房店。当地百姓欢欣鼓舞,群情振奋,欢呼"中华民国万岁",各商铺和民宅纷纷挂起了象征胜利的旗帜。

2月10日，革命党人邵兆中率部一举攻下庄河城。北伐军连战连胜，士气高昂，而清军屡战屡败，士气低沉。

反清革命偃旗息鼓

正当革命形势迅猛发展之际，国内政局风云突变。野心勃勃的袁世凯篡夺了革命胜利的果实，逼迫孙中山辞去临时大总统职务，自己当选为临时大总统。

在这种情况下，黄兴只得以南京临时政府陆军部的名义，向蓝天蔚发出停战命令。而蓝天蔚也没看清形势，他以为"南北统一"已实现，就乖乖提交了辞呈，关外都督府随之解散，北伐军停止了军事行动。

此后不久，邵兆中、顾人宜等相继率民军退往烟台，大连地区轰轰烈烈的反清革命就这样偃旗息鼓了。

▼ 抗日斗争

抗日救国军攻占庄河县城

1898年8月，庄河一户贫苦农民家庭出生了一个男孩，取名刘同先。正是这个男孩，在日后国家危难之际，拉起队伍开展了轰轰烈烈的抗日斗争。

九一八事变之后，日军乘机侵占庄河和复州地区。庄、复地区的民众并没有因此而屈服，处处燃起抗日的烽火，抗日民众组织如雨后春笋般发展起来。其中最雄壮的一幕，当属刘同先领导抗日救国军攻占庄河县城的战斗。

1932年3月16日，刘同先率3000余人，从东、西、北三面向日伪占据的庄河县城发起攻击。

守城的日伪军见状，急忙出城迎战，遭到救国军迎头痛击，狼狈而归。救国军乘势包围了县城及县公署大院，割断城内的电话线，断绝敌人的内外联络。救国军围困庄河县两天后，迫使日本关东军调来飞机进行轰炸。

敌机由于不熟悉地形，不仅未对救国军产生威胁，反倒将县公署后院墙炸毁。抗日斗士们乘机冲进县公署院内，活捉伪县长和日本顾问等9人，并缴获了大批枪支弹药。

日军闻讯大为震惊，增派500人前往庄河救援，同时还派3架飞机轰炸庄河城。为了避免重大伤亡，抗日救国军于3月19日押着俘虏撤出县城。

抗日队伍遭受重大损失

庄河县城一役获胜后，刘同先等人并没有因此停下抗日的脚步，而是继续在庄河地区打击日军。

1932年4月8日，抗日救国军在双塔岭伏击日军守备队，战斗中虽然击毙击伤敌人20多名，但由于受到汉奸李寿山所辖的伪军千余人的夹击包围，抗日武装队伍遭受了重大损失：200多人被俘，近百人被杀。

1933年9月29日，刘同先与邓铁梅、刘景文等抗日队伍，在庄河东红旗沟碰面商议武器和弹药问题。结果，消息被日军侦知。当天，日本关东军守备队300多人和警备队伪军500余人，尾追到红旗沟，包围了抗日救国军司令部。刘同先等三路将士1000多人和日伪军展开激战。这场战斗持续了2个多小时，击毙日伪军90多人，击伤200多人，活捉70多人，抗日队伍牺牲40人，被俘55人。

战斗结束后，三路抗日武装队伍在二道河休整，坚持抗日斗争。

▼ 大刀会

20世纪30年代，在庄河地区还有一支非常出名的抗日队伍：大刀会。

这支队伍成立于1932年10月，由庄河群众抗日武装组织发起，领导人是郭殿政、倪元德、鞠抗捷等。大刀会有一个非常响亮的口号："驱除鞑虏，光复中华。"当时，在庄河地区提起大刀会，可谓家喻户晓。

大刀会的成立，深得当地老百姓的欢心，仅仅不到两个月，大刀会就发展了4000多人。之后，他们在东起大孤山、西到碧流河的地域范围进行抗日活动。

历史上，大刀会活跃的时间只有一年多，但就是在这么短的日子里，他们却打了两场非常漂亮的仗！

土城子突击战

1932年12月，日军万余人向庄河、岫岩、凤城三角地带进击，"围剿"抗日武装。其中，日军大佐森秀树率领西路讨伐队500余人，扬言要在半个月内消灭庄河抗日军。

大刀会得知消息后，秘密派出1000人，将日军当时驻扎的土城子村包围起来。等到了半夜，大刀会突然发起进攻，杀死两个日本哨兵后，高喊着冲向敌人的宿营地。

这时候，日本兵正在酣睡，迷迷糊糊中被四面八方的喊杀声惊醒，茫然不知所措，乱成一团。

日军大佐森秀树趁乱开溜，在他准备翻墙逃跑时，被大刀会的战士赶上，一枪刺死，倒在了墙下。

这场战斗持续了两个多小时，直到天将拂晓。待日军赶来增援时，大刀会的战士早已带着缴获的30匹战马、30多支机枪和步枪转移到庄河与岫岩、盖县交界的山区。

红花岭伏击战

土城子战斗后，大刀会名声大振。

1932年12月25日下午4时许，大刀会设计把日军引进红旗沟蚊子街。日军一进红花岭，就被早已埋伏在此的大刀会以密集的枪炮射击打得晕头转向。无奈之下，日本兵只好蜷缩在红花岭东侧的一条沟壑里，负隅顽抗。

等到黄昏时分，冲锋号响起，大刀会成员一拥而上，和日军展开肉搏战。一时间刀光剑影、杀声震天，敌人四处逃窜。

红花岭战役之后，郭殿政又带领大刀会驰骋沙场，转战南北，打得日伪军抱头鼠窜。由于大刀会不断发展壮大，引起了日本关东军的重视，他们派出重兵进行大规模的围剿。后来，大刀会在步云山、黑峪沟等地遭遇日军重兵围剿，经过突围战斗，元气大伤。

此后，郭殿政和鞠抗捷等人分别进关寻求新的抗日之路，大刀会的活动基本结束。

▼ 大连解放

苏联红军空降大连

1945年8月15日，日本天皇宣布日本无条件投降。此时，作为我国盟军的苏联红军，却没有放弃在日军投降地段上的战斗，而是继续向预定的地域快速推进。

8月22日下午5时，10架运输机载着苏军空降兵，在歼击机的掩护下飞抵旅顺土城子机场上空，部分日本士兵从兵营中持枪跑出来，分散着向苏军运输机开火。苏军的歼击机超低空飞行驱散日本士兵，保证运输机安全着陆。

苏军运输机着陆后，立即解除了驻守在机场及附近的日本守备部队的武装，并乘缴获的汽车和卡车向日本守备军司令部进发。日本驻旅顺守备部司令小林中将看到突如其来的苏联军人，顿时目瞪口呆，交出了自己的军刀。

而此时，另有250名空降兵也顺利在周水子机场着陆，当天下午，又一队苏联红军乘火车抵达了金州石河地区。

大连摆脱殖民统治

苏军占领日军守备司令部后，马不停蹄地占领了电报局、电话局、车站和港口。23日，空降兵部队忙着继续解除日军守备队伍的武装，收缴武器。同日，苏联近卫坦克部队第六集团军的坦克分别开进了旅顺和大连……

到8月底，苏联红军进驻旅顺和大连的兵力已达到1万余人，随同苏联红军同时抵达旅顺、大连地区的，还有部分在40年代初过境到苏联整训的东北民主抗日联军的战士。

此时，旅顺、大连人民纷纷走上街头，欢迎苏联红军的到来，庆祝旅大地区从此摆脱日本帝国主义的殖民统治。

大连市民欢迎苏军

滨城两千年烽烟

张洪骏

最早的战争记忆

2000多年前，当时的大连地区，是秦灭燕统一六国的战场之一。这是大连地区有考证的最早的战争记忆。

最扬眉吐气的战斗

明永乐十七年（1419年）六月，刘江在望海埚全歼倭寇千余人，生擒百余人。这是明朝开国50年间抗倭斗争的第一次重大胜利，此后百余年，倭寇不敢再犯辽东。

最有影响的战争

"一个旅顺口，半部近代史。"甲午战争、日俄战争给大连留下百年屈辱。发生在1894年的甲午战争给旅大人民造成深重的灾难，社会经济遭到严重破坏。1904年的日俄战争则将旅大人民推入苦难的深渊。

作为辽东喉舌，大连自古就是兵家必争之地，2000多年来发生在这块土地上的战争不可谓不多，其中有一些留给后人的印象格外深刻。

▼ 最早的战争记忆

1971年的一天，庄河桂云花乡岭东村九炉屯北山头，工人们正在修公路。突然，2米多深、夹杂着乱石的黑土层中，出现了一条粘满黑土的棒状物。工人董某用双手抹去黑土，发现那竟然是一件青铜兵器，全身黑亮无锈，锋刃犀利。

这件兵器，就是秦攻取大连地区的重要实物见证——春平侯钺。

当年的烽烟战火已经湮没在历史长河之中，只有深埋在地下的春平侯钺、启封戈等兵器，让人们无法忘记那个动荡年代——当时的大连地区正是秦灭燕、统一六国战争中的战场之一。

这也是大连地区可以考证的最早的战争记忆。

大连是一个历史悠久、古迹众多、人杰地灵、文化底蕴比较丰厚的地区，人类活动的历史可以追溯到17000年前的旧石器时代。进入新石器时代，大连地区古人类活动范围更加广泛，留下了众多遗迹和文物。夏商以后，大连地区进入青铜时代，遗迹和文物更加丰富。春秋时期，大连地区青铜文化日趋繁荣，至今发现遗址近百处，代表性遗物就是曲刃青铜短剑。不过，因为文字史料的欠缺，我们无法知道在这之前，在大连地区发生过哪些战争。

▼ 战事最多的时期

大连地处沿海，在海运不发达的时代，经常是战争的大后方，因此，大连所发生的战争多在朝代更替时期。往往一场战争之后，大连便换了旗号。而在各大朝代的中间时期，大连战事少、规模小，基本处于平稳发展阶段。这也是在汉代、明代，大连迎来繁荣发展时期的重要原因。

公元前221年，大连地区纳入秦王朝的统一版图之中，虽然到公元前206年秦朝灭亡只有短短的15年时间，但秦末农民战争和楚汉相争之战都没有涉及大连地区，给大连地区的经济发展提供了安定的社会环境。

东汉末年天灾不断，加上统治阶级腐败，被逼得走投无路的人们在一个名叫张伯路的带领下，展开了一场历时三年的农民起义。这也是大连首次农民起义。三国时期，司马懿曾率部在大连大战公孙氏，并"血洗襄平"。北宋末年，宋金联手灭辽，大连成了登陆港。

在大连古代战争史上，恐怕没有任何一座城池像金州这样多灾多难。几乎每一场战乱，这里都会成为攻防双方的主战场，金州烙印硝烟的城墙，一次次成为炫耀武力的最好舞台。在元朝，大连地区的金州、复州是兵家必争之地。无论是元初的蒙军攻金，还是元末的红巾军起义，金州、复州都多次被

滨城两千年烽烟

硝烟·大连战事

攻陷。

明洪武四年（1371年）七月，叶旺、马云奉朱元璋之命率领10万明军渡海平定辽东。他们从山东蓬莱登船，一路顺风，直抵狮子口。叶旺、马云便将狮子口改称旅顺口，"旅顺"因此得名。明朝大军将金州作为统一东北的基地，并在金州保卫战中大败元朝残余势力。

在明代，大连地区进入继汉代之后的又一个昌盛期，但是到了明末清初，又是战事不断：毛文龙大连抗金8年，被袁崇焕所杀；辽东总兵黄龙血战旅顺口，因孤立无援城破自刎；尚可喜退守广鹿岛，因被皮岛总兵沈世魁设计陷害投降后金，并引领清军大举进攻皮岛……

▼ 最扬眉吐气的战斗

在金州亮甲店金顶山上，有一座刘江祠。祠堂飞檐画栋，依山而建，四周空旷宁静。很难想象，这里曾经是杀声震天的古战场。

刘江祠又名得胜庙、真武庙，始建于1506年，是当地军民为纪念抗倭英雄刘江而建。

提起抗击倭寇，很多人第一个想起的就是民族英雄戚继光。其实，在明朝的大连，也有一位有名的抗倭英雄刘江，而他取得望海埚大捷的时间，比戚继光扫平东南沿海倭寇之患还要早100多年。

明初，倭寇不断袭扰中国东部沿海，杀人放火，抢劫财物，无恶不作，辽东海运因此一度中断。辽东总兵官刘江在大连地区沿海修建烽火台、城堡。永乐十七年（1419年）六月，刘江在望海埚全歼倭寇1000余人，生擒100余人。

望海埚大捷是明朝开国50年间抗倭斗争的第一次重大胜利。此后百余年，倭寇不敢再犯辽东。刘江也因此被明成祖封为广宁伯。

无论在古代中日关系史上，还是在大连战争史上，望海埚抗倭大捷都是一个大事件。在保卫祖国边疆、反对外来侵略的历史上，写下了光辉的一页。

600年前的古城堡遗迹已难寻觅，唯有当年记录刘江功绩的一座石碑留存在真武庙前，让后人时时凭吊当年那场烽火硝烟。

▼ 最有影响的战争

甲午、日俄战争留下百年屈辱

大连地区经历了百年无战事的平安岁月，清政府对大连地区战略地位的认识松弛下来。1823年，旅顺水师营在经历了一个多世纪的发展之后走向衰败，官兵仅剩下不足200人，战船破旧不堪，毫无战斗力。而此时，帝国主义列强已开始将侵略魔爪伸向辽东半岛。

第二次鸦片战争期间，英帝国主义列强军舰频频入侵大连湾。1860年6月末，英舰180余艘载兵万余侵入大连沿海口岸。7月，4艘英舰侵入羊头洼并登岸抢劫，大连人民自发反抗入侵者的斗争就此翻开崭新一页。

帝国主义的大规模入侵活动，破灭了清政府退让自保的幻想，1879年，旅顺口、大连湾海防工程建设拉开序幕。1880年，旅顺口被正式确定为北洋水师基地。1888年，北洋海军正式建军。

甲午战争将旅大人民推入苦难深渊

中国的繁荣和稳定是帝国主义最不愿看到的，日本经过10年战争准备，于1894年发动了侵华战争，史称甲午战争。

1894年10月24日凌晨，侵华日军第二军第一师团分乘30艘运输船，在10余艘军舰护送下抵达花园口外海。14天时间里，日军24049人、战马2740匹和大批军用物资、弹药登陆。正定镇总兵徐邦道率拱卫军2000余人赴金州大黑山东北的石门子阻击日军，打响了日军登陆后清军抗敌第一枪。因敌我力量悬殊，孤立无援的拱卫军只得撤到南关岭，又退到旅顺。日军侵占金州城后进犯大连湾，拥有坚固炮台和重兵把守的大连湾清军守将赵怀业却不战而逃。

日军短暂休整后总攻旅顺，徐邦道联合姜桂题、程允和部队在土城子一带阻击日军，但已无力回天。日军侵占旅顺市街后，制造了惨绝人寰的旅顺大屠杀惨案，四昼夜时间，旅顺近2万同胞遭

旅顺大屠杀

硝烟·大连战事

到野蛮屠戮。

在日本的逼迫下，李鸿章被迫签订了屈辱的《马关条约》。甲午战争给旅大人民造成深重的灾难，社会经济遭到严重的破坏，旅大地区人民持续200余年的平静生活被打破，并被推入苦难的深渊。

"三国干涉还辽"之后日军撤走，1897年12月14日，俄国在"保护中国"的幌子下，将舰队驶入旅顺口、大连湾。1898年3月28日，俄军分别在旅顺黄金山和大连湾鸣炮举行占领仪式。1899年8月，沙皇尼古拉二世下令在青泥洼建设商港和城市，分别命名为大连（用大连谐音俄文"达里尼"）港和大连特别市。从此，大连这座城市便在帝国主义侵略的腥风血雨中诞生了。

两个侵略者在中国土地上厮杀

日本不甘侵华利益被俄国独吞，在英美的支持下，利用榨取中国的2.3亿万两库平银的巨额赔款扩军备战。

1904年2月8日深夜，日军采取了在甲午战争中对清军不宣而战的伎俩，突袭旅顺口俄军舰队。2月9日和10日，俄日先后宣战，日俄战争爆发。腐朽的清政府在列强的压力下宣布"局外中立"，两个帝国主义侵略者开始在中国土地上展开争夺厮杀。

遭日军偷袭后，俄军舰队基本退缩到旅顺港内，日军两次采取堵塞港口战术，均遭失败。4月12日夜，俄军旗舰"彼得罗巴甫罗夫斯克"在距海岸2海里

日俄战争后的旅顺

166

处触日军水雷被炸沉，俄国太平洋分舰队司令马卡洛夫中将与参谋长莫拉斯少将及舰上的其他647名官兵丧生。这成为俄军舰队由积极迎战到消极防御的转折点，此后，俄国太平洋分舰队便龟缩到旅顺港内。

日本陆军在第三次堵塞旅顺港行动之后在金州东部猴儿石登陆，日军第二军北上阻击增援旅顺的俄军施达尔克军团，第三军攻占大连后包围了旅顺。

日军合围旅顺后进行了总攻击，其中前三次总攻击日军即死伤4.06万人。1904年11月26日，日军向旅顺要塞发起第四次总攻击，主战场在二〇三高地和东鸡冠山北堡垒。至12月6日，日军以伤亡1.6万人的代价攻占二〇三高地。12月15日，在东鸡冠山视察阵地的俄军陆防司令康特拉琴科少将被日军炮火击毙。日军采取坑道作业攻占东鸡冠山北堡垒后，又攻占二龙山堡垒、松树山炮台、望台高地，俄军旅顺要塞防线全线崩溃。

1905年1月1日，俄军向日军递交投降书，日俄战争以俄军战败结束。这次战争在大连地区共持续328天，其中旅顺要塞攻守战155天，日军累计参战13万人、伤亡5.9万人；俄军参战4.2万人、伤亡近2万人。

附证

从2012年9月13日起，半岛晨报《大连古战事》专题报道历时8个多月，用30期报道图文并茂地介绍了2000多年间发生在大连的历次战争，其实是从战争角度讲述大连历史。

在《大连古战事》的采写过程中，辽宁师范大学田广林教授、刘俊勇教授，大连民族学院关捷教授，大连大学魏刚教授，中国海军史研究会会员张义军等专家给予了大力支持，同时，很多读者也提出了宝贵意见，在此一并表示感谢。

参考文献

[1] 陈悦. 碧血千秋：北洋海军甲午战史[M]. 长春：吉林大学出版社，2008.
[2] 关捷. 中日甲午战争全史[M]. 长春：吉林人民出版社，2005.
[3] 陈明福. 沧桑旅顺口[M]. 北京：人民文学出版社，2010.
[4] 戚其章. 旅顺大屠杀真相再考[J]. 东岳论丛，1985（6）.
[5]《大连通史》编纂委员会. 大连通史：古代卷[M]. 北京：人民出版社，2007.
[6]《大连通史》编纂委员会. 大连通史：近代卷[M]. 北京：人民出版社，2010.
[7] 大连市史志办公室. 大连市志[M]. 北京：方志出版社，2004.
[8] 中国人民政治协商会议辽宁省大连市委员会文史资料委员会. 大连文史资料（1-7）．1984-1990.